*À mon père, qui s'en est allé au pays de l'infini…*

Médaillon, page suivante : *Stèle de la musique, vers 2150-2000 av. J.-C., Mésopotamie.*

# Le Vin et la Musique

Page 2
p
mp
p
mp
p
p
mf
mp

Sylvie Reboul

# Le Vin et la Musique

FÉRET

## Introduction

# L'eau fait pleurer, le vin fait chanter

« Un soir, l'âme du vin chantait dans les bouteilles »
Charles Baudelaire (*L'âme du vin*)

Depuis la nuit des temps, la musique accompagne la vie des hommes. Des cérémonies religieuses aux défilés militaires en passant par les chants de l'amour, elle rythme les actes les plus intenses de leur vie sociale et personnelle.

Beaucoup de rites magiques de possession ou d'incantation s'appuient sur la musique pour créer le climat permettant à l'homme de sortir de ses préoccupations matérielles et recevoir la présence du divin. La musique est à la base de toute relation entre l'homme et le sacré. Elle donne aussi l'occasion de s'éloigner du quotidien et, par le chant notamment, de partager des émotions, la nostalgie ou l'enthousiasme, la fraternité, l'espoir, la force. Le chant unit les fidèles à leurs dieux aussi bien qu'il relie les buveurs entre eux, attendrit les amoureux, stimule les combattants.

« La vie passe. Le corps et l'âme s'écoulent comme un flot. Les ans s'inscrivent sur la chair de l'arbre qui vieillit. Le monde entier des formes s'use et se renouvelle. Toi seule ne passes pas, immortelle Musique. Tu es la mer intérieure. Tu es l'âme profonde » révèle Romain Rolland (Livre X, « La Nouvelle Journée »).

De son côté, le vin est perçu depuis Noé comme un breuvage magique et sacré permettant également à l'homme d'accéder au divin, d'atteindre la vérité suprême et de se montrer sous son vrai jour, sans hypocrisie ni tricherie. Symbole de l'essence de la vie, c'est aussi l'artisan de la communion et de l'échange entre les hommes. C'est enfin un élément de base de la nourriture humaine qui possède des vertus hygiéniques et thérapeutiques.

Véritable valeur culturelle et sociale, le vin accompagne l'histoire de l'humanité. Il n'est donc pas étonnant que l'association du vin et de la musique apparaisse si naturelle, à la fois dans les circonstances de consommation mais aussi au travers des chansons et dans la vie des musiciens.

La fabrication du vin est connue depuis plus de 5000 ans avant Jésus-Christ : des traces de substances produites durant la fermentation du raisin furent par exemple trouvées sur le site néolithique de Hajji Firuz Tepe, en Iran.

À partir du vin s'organise toute une structure sociale qui va de la réunion familiale aux cérémonies des rois et des empereurs. Une fois bu, il délie les langues, facilite les contacts, incite au chant et à la danse.

Au fil des siècles, musique et table constituèrent des partenaires naturels, la combinaison des deux satisfaisant simultanément plusieurs sens et créant un immense sentiment de bien-être.

Vin et musique sont ainsi étroitement associés durant les banquets dans les civilisations les plus anciennes d'Orient. Le symposion grec réglait les plaisirs intellectuels et physiques.

Dans *Les Lois*, Platon explique comment le vin, lorsqu'il est partagé par la communauté, rend plus facile la cohabitation des hommes en les préparant à la musique et au chant.

Les bâtons que l'on croise et frappe dans les danses méditerranéennes sont les mêmes qui marquaient le rythme de la pressée en Égypte. Les tambours et flûtes, instruments des fêtes agricoles sont les mêmes qui résonnaient dans les pressoirs grecs pour accompagner le dur labeur des fouleurs. Pour célébrer Dionysos, on organisait des réjouissances où

Double page précédente : *Vase, histoire de Noé.*

Page de gauche : *Cratère en calice à figures rouges par un peintre de Montesarchio, IVe siècle av. J.-C.*

le public assistait à des chants et à des danses. Les acteurs formaient des chœurs et au son de la flûte, des crotales et des tambourins, chantaient des dithyrambes, hymnes en l'honneur de Dionysos le « deux fois né ».

Dans le monde qui survécut à la période sombre des invasions barbares, le vin et la musique se trouvèrent liés dans leur renouveau au sein des ordres religieux. Les moines réinventèrent la culture de la vigne, firent naître le chant grégorien, posant ainsi les bases de la viticulture moderne et de la musique occidentale.

On peut à cet égard rappeler la jolie légende de saint Martin qui s'inspire elle-même de celle de Dionysos : « Un jour, Martin rapporta de Pannonie (Europe centrale) une petite plante dans un os d'oiseau. En cours de route, elle grandit si vite qu'il dut la placer dans un os de lion, puis un os d'âne. Arrivé à Tours, il la planta et l'automne suivant, elle donna des raisins dont le jus remplit trois pichets. Au premier bu, les buveurs chantèrent tel l'oiseau, au second, ils eurent la force du lion, au troisième, ils se mirent à braire ».

Le banquet médiéval et, plus tard, les fêtes de cour, perpétuèrent la tradition millénaire du banquet antique tandis que les guinguettes, les cafés-concerts et les sociétés bachiques et dansantes contribuaient, comme dans les temps les plus anciens, à la communion entre les hommes. « O Bouteille Pleine toute de mystères, D'une oreille je t'écoute » nous confie Rabelais dans *La Dive Bouteille* (Cinquième Livre).

Aujourd'hui, on ne compte plus les manifestations viticoles où la musique tient une large part, tout comme les grands rendez-vous musicaux associant le vin. Sur un autre plan, les réactions parfois inattendues du public d'opéra qui couine, braille, frappe dans les mains pour saluer la prestation d'un ténor frise parfois l'hystérie collective et dionysiaque.

Preuve que la tradition ne s'est finalement jamais perdue. Au-delà des circonstances où ils se trouvent réunis, le vin et la musique sont peut-être plus intimement liés encore dans la chanson.

Des chants anciens du Moyen Âge aux chansons contemporaines françaises en passant par l'opéra, le répertoire évoquant le vin est immense. On chante avec les amis ou la foule pour partager la joie, la nostalgie ou l'enthousiasme, pour se sentir soudés et forts.

« La chanson est un genre musical à part entière qui s'impose comme le mode d'expression favori du peuple, reflète son histoire, son langage, ses préoccupations et surtout, ses sentiments. L'histoire de la chanson porte en elle l'histoire des émotions », explique Claude Duneton, auteur d'une monumentale *Histoire de la chanson française*. « D'où peut-être son oubli quasi officiel, voire son rejet, par les instances culturelles académiques ».

Le monde du vin néglige le vaste répertoire des chansons qui pourrait aujourd'hui lui redonner vigueur et profondeur. Qui se souvient aujourd'hui de *La Vigne* du célébrissime Pierre Dupont, un vrai « tube » du milieu du XIXe siècle vantant les vertus du terroir ?

On a oublié les chansons à boire de Maurice Ravel ou d'Hector Berlioz tandis que *Le Vin* de Georges Brassens sombre doucement dans l'oubli. Heureusement, quelques chanteurs français contemporains ont délicieusement évoqué le vin comme le délicat *Millésime* de Pascal Obispo.

La musique anglo-saxonne foisonne également de références au vin, de Woody Guthrie aux Beasties Boys en passant par des interprètes cultes du monde du blues, du jazz, du rock et de la pop. Le Cognac a même trouvé chez les rappeurs noirs américains la clé de son succès aux États-Unis.

Quant au Champagne, il jouit d'un statut bien particulier qui lui a fait traverser les époques et les genres musicaux avec le même succès. Vedette incontournable de nombreux opéras, on vante aussi bien ses mérites dans la chanson française qu'anglo-saxonne. « Et pourtant, qu'est-ce que le Champagne ? Deux fois rien. Des bulles avec de la lumière autour. Mais quelle lumière ! D'une blondeur légère, légère... D'une transparence aérienne, presque musicale. Un autre air de Mozart, peut-être celui de la Reine de la nuit. Où ? Mais dans la *Flûte enchantée*, naturellement » remarque l'écrivain français passionné d'art lyrique, Pierre-Jean Rémy.

Enfin, cet ouvrage ne serait pas complet s'il ne s'était intéressé à la place du vin dans la vie des musiciens. Les troubadours du Moyen Âge en jouissaient largement, tout comme les chansonniers du XIXe. Mais sait-on que Richard Wagner était un amateur de Champagne, que Brahms mourut en louant les qualités des vins du Rhin ou que Giuseppe Verdi cultivait des vignes et faisait son vin ?

Et les compositeurs dits « classiques » ne sont pas les seuls à apprécier le jus de la treille. Des chanteurs français l'affectionnent, à commencer par Charles Aznavour ou Pierre Perret, grands amateurs devant l'éternel.

Au-delà de ce voyage à travers le temps et les styles de musique, le fondement de l'association vin et musique reste quand même l'émergence d'émotions et de sensations. Le chef d'orchestre suisse Claude Dutroit l'a fort bien décrit à propos de la musique de Claude Debussy : « Ce qui est sonore ne doit pas être bruyant, ce qui est riche ne doit pas être dur. Des nuances comme « doux et pénétrant » ne se chiffrent pas en indications métronomiques ou en codes de dynamique. Elles renvoient au bouquet capiteux d'un vin de Bourgogne, à l'euphonie charmeuse d'un vers de Verlaine, au camaïeu d'une toile de Monet ».

De même, le philosophe Michel Onfray a fort bien décrit les liens qui unissent le vin à la musique dans leur essence profonde : « Le temps du vin est celui de la musique, évanescent et destiné à creuser l'âme pour laisser des traces, des souvenirs, des témoignages. Aussitôt écoutée, la mélodie déserte l'espace dans lequel elle s'est développée ; aussitôt bu, un vin s'évanouit dans le corps où il disparaît.

Dans les deux cas, ces quintessences temporelles ne survivent que par les émotions produites, les impressions suggérées » (La Leçon de Pétrus, *Les Arts du vin,* ouvrage édité à l'occasion de l'exposition « Les Arts du vin » organisée par le Crédit communal à Bruxelles du 29 novembre 1995 au 10 mars 1996).

## Le chant du vin

Comme le monde de la musique, le monde du vin dispose d'un vocabulaire spécifique. Le plus étonnant est qu'ils ont de nombreux points en commun.

On dit ainsi du vin qu'il « chante » dans les cuves lorsqu'il fermente. Le verbe siffler signifie également boire depuis le XVe siècle. La flûte est le nom donné au début du siècle à des bouteilles longues et minces, aujourd'hui utilisées en Anjou, en Alsace ou à Tavel.

Mais c'est certainement dans les termes de dégustation que l'on trouve le plus de mots liés à la musique parce que, semble-t-il, faute d'un vocabulaire spécifique, on a puisé dans le vocabulaire des chansonniers du XIXe qui exerçaient leur talent dans des lieux de consommation.

Le vin a par exemple une attaque et une finale, il peut être riche en nuances, brillant (comme un son flamboyant) et aromatique (comme l'équilibre sonore de plusieurs instruments).

Comme un piano neuf, le vin peut être vert et fermé dans sa jeunesse.

Son bouquet peut être boisé comme le son d'un hautbois. À la dégustation, on emploie les termes d'acerbe pour acide (son pénible à l'audition), ample (son étendu), fort (trop alcoolisé), moelleux... Sa persistance est évaluée comme les notes égrenées qui reviennent par vagues avec, parfois, un point d'orgue.

Sa structure est essentielle comme la colonne vertébrale d'une œuvre, son volume doit remplir la bouche.

Le langage de la musique a aussi, comme celui du vin, ses paradoxes : certains « bois » sont en métal, le cor anglais n'est ni un cor, ni anglais tout comme le vin blanc n'a jamais été… blanc !

Enfin, certaines expressions populaires relient le vin à la musique. « Boire comme un chantre » rappelle que « les chants augmentent la soif » (Brillat Savarin). Nicolas Boileau évoque d'ailleurs ces chanteurs d'église à la réputation de buveurs dans *Le Lutrin* (Chant II) :

« Le souper hors du chœur chasse les chapelains,
Et de chantres buvant, les cabarets sont pleins ».

On peut aussi se souvenir qu'au XIXe, jouer de la musette signifie boire et a donné l'expression « Avoir un coup dans la musette ».

# Le vin et la musique à travers l'Histoire

Page précédente : *Plaque perforée avec scènes de banquet et de navigation, époque sumérienne, vers 2900-2200 av. J.-C., Mésopotamie.*
En médaillon : *Boîte de miroir : scène de tournoi, XIVe siècle.*

Page de gauche : *Stèle d'Assurbanipal et son épouse à un banquet, VIIe siècle av. J.-C.*

**Sculpté près de 3000 ans avant Jésus-Christ, l'étendard d'Ur représente un couple royal sumérien célébrant une victoire en dégustant du vin au son de la harpe. Quant aux Grecs, ils poussèrent très loin le raffinement du « symposion » et célébrèrent Dionysos « le bruyant ».**

# Fêtes et cérémonies des civilisations anciennes

Le vin et la musique étaient déjà associés lors des banquets dans les civilisations les plus anciennes. 5000 ans avant Jésus-Christ, en Géorgie, berceau de la culture de la vigne dans le monde, on portait ainsi des toasts en entonnant des chants épiques.
Au Proche-Orient, la consommation de vin était largement répandue dès le IVe millénaire avant notre ère. Boisson de plaisir et de convivialité, il agrémentait avec la musique et le chant les réjouissances des peuples sumériens, assyriens, babyloniens... mais aussi égyptiens.
On consommait de la bière et du vin de palme mais la vigne chez les Sumériens, l'une des civilisations qui a dominé la Mésopotamie de 3000 à 2000 ans avant J.-C,

était un symbole de vie. Quant au vin, il incarnait, comme dans le monde chrétien, le sang. D'où sa présence lors des banquets célébrant les événements importants : victoire militaire, inauguration d'un palais ou d'un temple, accueil d'une délégation étrangère…
Des représentations figurées datant des débuts de l'époque sumérienne fournissent d'ailleurs les détails concrets de l'organisation d'un banquet. Des plaquettes de pierre ou des sceaux-cylindres mettent ainsi en scène des convives des deux sexes assis, avec une coupe à la main, entourés de serviteurs et de musiciens.
On trouve une belle illustration de l'association vin et musique dans la civilisation sumérienne sur l'étendard d'Ur (une ville aujourd'hui située en Irak) exposé au British Museum de Londres. Cet étendard royal est un coffret en bois richement décoré de mosaïques, datant de la première moitié du III$^{e}$ millénaire av. J.-C. On y voit le roi sur son trône, une coupe à la main, entouré de ses dignitaires. Il fête la victoire tandis que des musiciens jouent de la harpe. La harpe et la lyre ont en effet été créées par les peuples mésopotamiens, tout comme le luth et des percussions telles que les cymbales en métal, les claquoirs…
Le bas-relief en albâtre du festin d'Assurbanipal est un autre exemple plus récent (668-626 ans av. J.-C). Également exposé au British Museum, il provient du palais de ce roi assyrien à Nivive et le représente avec la reine buvant du vin sous la treille en écoutant de la musique dans le parc du palais. Ils célèbrent leur victoire sur le roi de l'Elam, Teumman (dont la tête est pendue à un arbre). À côté des « chasse-mouches » et autres porteurs habituels, les musiciens et serviteurs sont représentés.

## « Vin, vin, taruwaliyan, vin ! »

Les Hittites, qui vécurent en Anatolie du XVI$^{e}$ au XII$^{e}$ siècle av. J.-C. avaient beaucoup d'affinités avec les Sumériens. Une tablette écrite par un scribe hittite décrit ainsi le déroulement d'une cérémonie religieuse. Fait exceptionnel, les paroles du chant ont été intégrées au texte : « Quand on remplit le vase huhupal avec du vin, c'est l'échanson lui-même qui boit entièrement en premier son contenu pour l'apaisement de la divinité. Les hommes de la ville de Lallupiya se mettent à chanter ainsi : « Vin, vin, taruwaliyan, vin ! » et pendant qu'ils boivent et pendant que tous finissent de boire, ils chantent ce chant, ils le chantent » (Extrait. Fête religieuse de la ville de Lallupiya).
On sait que les Égyptiens étaient de très bons vignerons et que le vin faisait partie de leur vie, tout comme les chants et la musique. Par exemple, on chantait durant les vendanges. Les banquets des familles royales et nobles étaient agrémentés de musique, de bière et de grands vins (issus notamment des vignobles situés sur la rive gauche du delta du Nil, le long du désert libyque). Quant aux copieux banquets funéraires, ils étaient accompagnés des chants du harpiste.
Chez les Nabatéens, un peuple contrôlant le commerce de l'encens, des épices et des bois précieux entre le IV$^{e}$ siècle av. J.-C. et le I$^{er}$ siècle de notre ère sur un territoire s'étendant de l'Arabie à la Syrie, le banquet était l'occasion de boire du vin en écoutant des chants. Selon Strabon, les Nabatéens étaient en effet de grands consommateurs de vin, notamment au cours des banquets rituels honorant les dieux et les morts. On a d'ailleurs découvert des pressoirs taillés dans la roche. Tout visiteur de passage à Pétra devait offrir un sacrifice à Dushârâ ou à Al Uzza sur un espace à ciel ouvert. Le sacrifice était suivi d'un banquet rituel pratiqué sur place ou dans des salles aménagées dans le rocher. Les banquets réunissaient exclusivement des hommes, au nombre de treize en incluant l'hôte. Celui-ci, selon une coutume bédouine et quel que soit son rang, servait ses invités. On y buvait du vin en écoutant des chanteuses. Le nombre de coupes était fixé à l'avance par l'hôte ou le convive le plus prestigieux. Les façades sculptées dans les falaises de Pétra, en Jordanie, témoignent d'ailleurs de la grandeur de cette civilisation.

*Fragment de peinture murale : scène de banquet.*

Le jugement du roi Midas, *Apollon qui joue de la lyre et Pan de la flûte en présence du roi Midas, par Michel Corneille, l'Aîné, dit aussi Corneille Michel II (1642-1708).*

*Coupe à figures rouges, intérieur : médaillon : homme couché et une femme jouant de la flûte, Ve siècle av. J.-C.*

## Vin et musique au cœur de la civilisation grecque

Si le goût des Grecs pour le vin est bien connu, ils étaient aussi de véritables amateurs de musique. « La gymnastique est pour le corps, la musique pour l'âme » décrète Platon dans *La République*.
Les vendanges se faisaient en chantant au son de la lyre tandis que le travail des fouleurs était rythmé par des airs rustiques joués sur l'aulos ou le syrinx (flûte de Pan). L'aulos était le plus important des instruments à vent. Ce n'était pas une flûte comme son aspect pourrait le laisser croire, mais un instrument à anche avec une lamelle élastique en jonc faisant vibrer directement le son émis. L'anche pouvait être simple (comme celle de la clarinette) ou double (comme celle du hautbois ou du basson). Joués souvent par paire, les « auloi-jumeaux » possédaient chacun leur propre bec. Du côté des percussions, on trouvait toute une série de cymbales et de tambours de toutes les tailles.
La lyre et l'aulos exprimaient deux civilisations en opposition : l'une nomade et pastorale dont le symbole était la lyre, faite de matière animale et associée au culte d'Apollon ; l'autre sédentaire et agricole représentée par l'aulos de roseau, instrument végétal lié au culte de Dionysos.

Le Grec était un homme sobre dont les repas étaient frugaux : quelques olives, des légumes, des laitages, des fruits... Il buvait de l'eau, du lait, voire un peu de vin aromatisé et coupé d'eau salée.
Mais c'est au cours du symposion (littéralement réunion de buveurs), organisé pour célébrer un événement, une victoire sportive, le retour d'un ami… qu'il dégustait du vin coupé d'eau selon une quantité déterminée par un maître de banquet.
Cette cérémonie réglementée réunissait les plaisirs intellectuels et physiques. Les seules femmes admises étaient les servantes, les courtisanes, les musiciennes et les danseuses. Tout manquement à la règle était puni d'un gage comme par exemple de danser nu devant tout le monde ou de faire plusieurs fois le tour de la salle en portant la joueuse d'aulos !
Dans ses *Propos de Table*, Plutarque compare le maître du banquet à un musicien : « Car, s'il existe différentes proportions pour le mélange du vin et de l'eau selon les différentes qualités de cette dernière, il faut aussi que la fusion de l'homme avec le vin se fasse dans une mesure conforme à chaque individu, mesure qu'il convient au président de banquet de connaître et ensuite d'observer afin que, tel un musicien, il tende les ressorts de l'un par la boisson et relâche ceux de l'autre, en le ménageant

*Relief votif figurant un poète dramatique recevant Dionysos et son cortège.*

quelque peu, et amène ainsi ces natures discordantes à l'union et à l'harmonie ».

Le déroulement du banquet suivait un rituel bien précis. Après avoir apaisé leur faim, les participants procédaient à une libation à Dionysos, c'est-à-dire qu'ils buvaient à petites gorgées du vin pur en répandant quelques gouttes, comme un symbole de la semence du dieu. Le vin était censé libérer la jeunesse endormie, mais toujours présente, dans le cœur des plus vieux. Ils entonnaient ensuite un hymne joyeux où la voix des plus âgés, mal assurée, était soutenue par le choral (toujours à l'unisson) des plus jeunes. Le rite d'ouverture était suivi d'une conversation libre qui pouvait se transformer en chant. Les convives se passaient alors un rameau de myrte pour décider du tour de chant. Des intermèdes de musique instrumentale (lyre ou aulos) ponctuaient ce cérémonial. Participer à un symposion était l'occasion d'écouter des chanteurs professionnels, parfois de très haut niveau comme les lauréats des concours musicaux organisés durant les grandes fêtes locales et nationales.

Parfois, le banquet se résumait à une réunion d'intellectuels où la poésie et les chants étaient bannis. Ainsi dans *Le Protagoras*, lorsque le maître de banquet Éryximaque congédie une joueuse de flûte, Platon fait dire à Socrate : « Dans le cas où la réunion des buveurs est de gens distingués et qui ont de la culture, on ne saurait voir alors ni joueuses de flûte, ni danseuses, ni joueuses de lyre, mais des hommes qui, pour converser, se suffisent à eux-mêmes sans ces niaiseries et ces amusements, usant de leur voix à eux, chacun à son tour parlant et écoutant, suivant un ordre bien réglé, même quand ils ont bu du vin en grande abondance ».

La tradition des réunions où l'on chantait à tour de rôle se perpétua dans les régions reculées et dans les couches sociales les plus basses.

## Le cortège de Dionysos « le bruyant »

Dionysos était considéré comme une divinité étrangère dont les origines étaient peut-être indiennes ou mésopotamiennes. Il personnifiait la persistance de la végétation à travers les saisons. Sa double naissance (par le sein de sa mère Sémélé, puis par la cuisse de son père Zeus) le faisait souvent appeler Dithyrambos qui signifie le « deux-fois né ».

Dieu de l'ivresse et du délire mystique, il ne se plaisait que dans le tumulte et la joie. On le surnommait d'ailleurs « le bruyant » avec son cortège de ménades et de satyres dansant frénétiquement au son de l'aulos, du tambourin et des cymbales.

Le poète André Chénier décrit ainsi le dieu dans le poème intitulé *Bacchus* :

« … Et la voix des rochers répétait leurs chansons,
Et le rauque tambour, les sonores cymbales,
Le hautbois tortueux, et les doubles crotales
Qu'agitaient en dansant sur ton bruyant chemin
Le faune, le satyre et le jeune sylvain… »

Moins raffiné que la lyre d'Apollon, l'aulos constitué de roseau était l'instrument préféré de l'entourage de Dionysos. Sa nature végétale s'opposait en effet à l'origine animale de la lyre.

Selon Euripide : « Dionysos est le dieu des plaisirs (…) Il nous ranime avec ses danses joyeuses. Ses airs de flûte excitent, provoquent le rire et éloignent les idées noires ».

Nietzsche a d'ailleurs décrit la culture grecque comme une compétition entre Apollon, rationnel, stable, raisonné et Dionysos, ivre, fou et chaotique.

Euterpe, la muse de la musique et le dieu Pan sont parfois représentés dans le cortège de Dionysos. Euterpe signifie en grec « qui sait plaire ». Cette jeune fille couronnée de fleurs jouait de la flûte ou d'autres instruments. Quant au très laid Pan, dieu des bergers, des pâturages et des bois, il épouvantait les hommes par ses brusques apparitions (d'où la terreur panique).

La légende raconte que pour échapper à ses avances, la nymphe Syrinx se transforma en roseau. Pan transforma ce roseau en flûte pour conserver le souvenir de sa bien-aimée et la faire revivre à chaque souffle.

*Amphore à col à figures rouges, catégorie des amphores de Nola par un peintre de Berlin, début du Ve siècle av. J.-C.*

Sémélé *par Bon Boullogne, l'Aîné (1649-1717).*

## Folles Dionysies de l'Antiquité

Les fêtes organisées en l'honneur de Dionysos se déroulaient durant l'hiver (de décembre à mars) dans toute la Grèce mais plus spécialement en Attique.

Créées sous le règne de Pisistrate (600-527 av. J.-C.), elles avaient pour objectif d'assurer la cohésion de la cité en donnant à ses membres le sentiment d'appartenir à la même communauté. Leur rôle était donc aussi bien politique que religieux.

Les festivités démarraient en décembre par les Dionysies rustiques ou petites Dionysies. On remerciait le dieu pour les récoltes obtenues. Un cortège précédé d'une amphore remplie de vin et ornée d'une branche de vigne promenait, au son de chants, un gigantesque phallus divinisé, symbole de la fécondité de la terre. Des bandes d'ivrognes se répandaient sur les chemins en dansant, en chantant et en lançant des plaisanteries gaillardes ou obscènes. Ces groupes sont à l'origine de la comédie ancienne d'Aristophane.

Après les Lénéennes (fête des pressoirs) en janvier où des femmes entraient en transe sous l'effet de chants et de danses, les Anthestéries (février) commémoraient les amours tragiques de Dionysos et d'Érigoné. Mais c'est en mars, au cours des Dionysies urbaines ou grandes Dionysies que les festivités étaient les plus importantes. On y glorifiait la victoire du dieu sur l'hiver et la naissance du printemps.

Le premier jour était consacré aux dithyrambes, des poèmes lyriques chantés sur l'Agora par des chœurs d'hommes en l'honneur de Dionysos et faisant appel aux percussions et aux flûtes.

Ils étaient dissonants, syncopés, provoquant la surprise et parfois l'effroi, à l'opposé de l'art lyrique harmonieux d'Apollon. D'ailleurs les flûtistes (aulètes) étaient davantage perçus comme des bateleurs que comme des musiciens car l'usage de l'instrument déformait la bouche, ce qui heurtait l'esthétique grecque. Primitivement organisés la nuit à la lueur des torches, les dithyrambes conduisaient à des phénomènes d'extase et d'hystérie.

Le deuxième jour se tenaient des concours ayant un caractère poétique et musical : des auteurs de tragédies, de comédies et de dithyrambes s'affrontaient. Ces œuvres sont à l'origine de la tragédie grecque.

Les trois jours suivants étaient consacrés au théâtre : tragédies, comédies (c'est-à-dire chant des komoi, des villages). La comédie serait en effet issue des cortèges de paysans avinés, les textes dialogués ne venant que plus tard.

Pour clore ces festivités, un cortège triomphal faisait défiler Dionysos monté sur un char accompagné de silènes (sorte de satyres), de joueurs de trompette et de porteurs de symboles sexuels. L'ivresse était bien sûr permise et même encouragée car le propre des cérémonies dionysiaques était la « sortie de soi » grâce à la transe provoquée par la musique et la danse.

Fondamentalement rural, le culte devint urbain : les festivités se dissocièrent des saisons et donc de la viticulture pour évoluer vers une célébration de la vie joyeuse et la consécration de l'éternel retour du dieu.

Le monde romain voulut suivre la voie tracée par les Grecs mais, rapidement, le sens profond de ces manifestations en l'honneur du dieu du vin disparut au profit d'immondes orgies.

Si le convivium, censé perpétuer le symposion grec, fut à l'origine ponctué de chants, de lectures et de discussions philosophiques, il évolua rapidement vers l'excès. Les hommes s'abîmèrent dans la profusion des aliments et l'ivresse profonde, toujours au son des flûtes. *Le Satiricon* de Pétrone en donne un bon exemple : « La chose tournait à l'extrême nausée, quand Trimalcion, abruti par son

Page de gauche : Pan poursuivant Syrinx *par Gilles-Lambert Godecharle (1750-1835).*

*Panse de chope : Bacchanale.*

*Plaque décorative dite plaque Campana, cortège de jeunes bacchants et bacchantes célébrant Dionysos, création néo-attique, fin de l'époque républicaine, début de l'époque impériale.*

ignoble ivresse, voulut un nouveau concert de sonneurs de cor qu'il fit introduire dans le triclinium. Alors, soutenu par une pile d'oreillers, il s'allongea sur le bord du lit : « Faites comme si j'étais mort, leur dit-il. Jouez-moi quelque chose de joli. »

Les comédies étaient conclues par une séquence musicale (*canticum* final), sorte d'explosion joyeuse et festive qui célébrait la fin de l'action et durant laquelle on buvait du vin. La comédie *Stichus* de Plaute en donne une description détaillée : on incite le musicien qui joue durant le *canticum* à trinquer, puis à rejouer de la musique.

À noter également l'existence dans le monde romain d'un synode des artistes dionysiaques, corporation réputée dans tout l'Empire. Elle rassemblait l'élite des musiciens grecs et avait son siège à Rome.

Quant aux fêtes en l'honneur de Bacchus, les Bacchanales, célébrées la nuit au son d'une musique envoûtante dans un climat d'ivresse exaltée, elles dégénérèrent en beuveries et scènes de débauche où l'on n'hésitait pas à dépecer des victimes vivantes dont les cris étaient masqués par la musique bruyante des cymbales et des tambours. À tel point que la célébration des Bacchanales fut interdite en 186 av. J.-C. par les autorités pour trouble de l'ordre public.

## Le banquet gaulois

Les Gaulois tenaient leurs assemblées en musique, l'un des rares arts populaires, avec la volonté d'adoucir leurs mœurs barbares. Seuls les bardes jouaient d'un instrument (lyre, carnyx, instruments à vent…)

Les banquets accompagnaient tous les moments de la vie sociale, ils concluaient les assemblées politiques, les assises judiciaires… Les convives étaient installés sur des litières de paille ou de branchages, ils formaient un cercle dans lequel se produisaient des musiciens, des chanteurs, des poètes…

L'ivresse était toujours très recherchée car, dans la perte de contrôle de son corps, l'individu pensait que son âme quittait son enveloppe physique et pouvait dès lors communiquer avec le monde divin et les morts. Le vin consommé pur devint alors prépondérant dans les grands banquets communautaires au détriment des autres boissons locales.

**Les ordres religieux, en particulier les bénédictins et les cisterciens, contribuèrent largement à la renaissance de la viticulture et à la création de la musique occidentale. Plongée au cœur des abbayes des premiers siècles du culte chrétien.**

Retable de saint Martin*, cycle de la vie de saint Martin par Maître de Rio Frio, XVI^e siècle.*

# Boire beaucoup comme un Bénédictin

Bien qu'étant responsables de l'abandon de la culture de la vigne, les invasions barbares n'effacèrent pas le prestige et la signification symbolique du vin au yeux du clergé chrétien, prestige qui remontait d'ailleurs bien avant le christianisme, aux rites païens. C'est pourquoi les premiers évêques se transformèrent en viticulteurs, œuvrant à la conservation et à la création de vignobles.

Le vin leur était en effet nécessaire pour donner la communion aux fidèles (elle se donnait à tous jusqu'au XIII^e siècle et beaucoup de chrétiens communiaient chaque jour sous les deux espèces), il était offert aux pèlerins, aux voyageurs, aux malades… L'évêque se devait aussi de disposer d'un bon cru lorsqu'il recevait des hôtes de marque tels que les princes, les rois ou les empereurs.

Enfin, le vin se révélait économiquement très intéressant. Les évêques devinrent d'ailleurs, dès le VII^e siècle, les premiers négociants en vin des grandes cités médiévales.

Pour mener à bien la culture de la vigne, l'évêque était assisté de chanoines établis dans son siège épiscopal (d'où les cloîtres attenant aux églises). Les chanoines possédaient des vignes en toute propriété qu'ils recevaient en legs ou dons de fidèles soucieux de s'attirer les bonnes grâces du Père éternel.

Toutes ces terres étaient mises en valeur par les moines au sein des monastères. Leur contribution à la viticulture fut énorme. La tradition attribue d'ailleurs le titre de premier vigneron à saint Martin de Tours, fondateur de la première communauté de moines en Gaule au IV^e siècle, dont l'âne gourmand aurait contribué à faire connaître l'intérêt de la taille pour la vigne. L'histoire donna également l'expression « maladie de Saint Martin » qui signifie « avoir trop bu ». Car les moines ont toujours eu la réputation de bons buveurs. Une image que Rabelais amplifia et que les chansons populaires colportèrent :

« Boire un peu comme un Capucin,
Boire beaucoup comme un Bénédictin,
Boire verre après verre comme un Dominicain ;
Mais vider la cave, c'est boire comme un Franciscain ! »

Les premiers bénédictins ne méritent pas cette caricature. Établi dans l'ancienne forteresse du Mont Cassin (entre

Totila, roi des Ostrogoths, visite saint Benoît au Mont-Cassin.

Rome et Naples), l'ordre fondé par saint Benoît de Nursie en 529 mit l'accent sur l'agriculture et codifia la consommation de vin dans la vie monastique : s'en priver était une bonne chose… mais ce n'était pas toujours possible compte tenu du labeur à accomplir !
Afin de répondre aux besoins en vin importants de l'église, la décision de construire une abbaye n'était prise qu'après avoir vérifié que le terroir convenait à la culture de la vigne. C'est sans doute pour cela que cette viticulture bénédictine se développa dans des régions viticoles aujourd'hui réputées : Bourgogne, Anjou, Touraine, Bordelais… La carte de France des abbayes bénédictines rejoint d'ailleurs celle des vignobles : Cluny en Bourgogne, Saint-Émilion dans le Bordelais, Saint-Nicolas-de-Bourgueil en Anjou, Saint André à Villeneuve-les-Avignon, Hautvillers en Champagne…
Le vin de Champagne doit d'ailleurs beaucoup aux moines : dom Pérignon, dom Ruinart, dom Oudard et bien d'autres contribuèrent à en améliorer la qualité.
En Allemagne, les vins du Johannisberg à base de Riesling, chers à de nombreux compositeurs, furent élaborés par les bénédictins du Rheingau dès le XII^e siècle. Quant au vignoble de Franconie où Richard Wagner aimait à se reposer, il vit le jour dès le VII^e siècle grâce à des bénédictins.

L'abbaye de Cluny, fondée au X^e siècle, reste emblématique. Située au cœur du Mâconnais, elle devint, par le biais de ses abbayes « filles » le plus gros propriétaire de vignobles en Bourgogne au Moyen Âge : Côtes de Nuits, Gevrey, Vosne Romanée, Avallon…
L'un de ses premiers abbés, Odon, musicien de talent, y composa des hymnes selon les règles du chant grégorien, magnifiant ainsi les cérémonies religieuses. Parmi les vestiges de cette abbaye sauvés de la destruction révolutionnaire, les deux derniers chapiteaux du chœur ont pour thème la musique liturgique. Des instrumentistes (jeune homme jouant du luth, danseuse munie de cymbales, joueur de psaltérion…) représentent les huit tons du plain-chant. Ils sont conservés aujourd'hui au musée de l'abbaye.
Les ordres qui se développèrent à la suite des bénédictins modifièrent profondément les règles de vie des moines mais ils maintinrent la culture de la vigne.
Voués à un idéal fait de solitude, de dénuement et d'abstinence, les cisterciens n'en demeuraient pas moins d'excellents viticulteurs qui, peut-être plus encore que les bénédictins, firent progresser le savoir viticole et œnologique. Ils sont également les bâtisseurs d'abbayes à l'acoustique soignée permettant de rehausser le plain-chant.
À l'origine située au milieu de marécages et de roseaux (cistes), dans la plaine de la Saône, l'abbaye de Cîteaux est liée aux plus célèbres crus de Bourgogne. Ainsi, les vignes du Clos Vougeot, en Côte d'Or, furent acquises par l'abbaye au début du XII^e. Les moines y étudièrent les relations entre le terroir et le vin, identifiant les différents climats selon la topographie, la végétation, les sols… Ils édifièrent un cellier monumental (27 mètres de long, 16 mètres de large et 5 mètres de hauteur) pouvant contenir jusqu'à 2000 pièces. Un proverbe bourguignon d'origine cistercienne affirme d'ailleurs : « Qui bon vin boit, Dieu voit. »
En plus de Cluny, bien des abbayes cisterciennes contribuèrent à la renommée de vignobles : l'abbaye de Clairvaux en Champagne, les abbayes de Moissac et

*Le Couronnement de la Vierge* par Fra Angelico, Guido di Pietro (connu en 1417-1455).

Jurançon dans le Sud-Ouest, Notre Dame des Neiges en Ardèche, l'abbaye de Lérins sur l'île de Saint-Honorat dans le Var, les abbayes de Fontfroide et de Valmagne dans le Languedoc… Il semble d'ailleurs que la règle d'austérité que s'étaient fixés les cisterciens se soit peu à peu émoussée avec le temps comme en témoigne un récit de Jean Anthelme Brillat Savarin relatant, en 1816, une virée avec son orchestre d'amateurs dans un monastère cistercien de son pays natal, le Bugey. Pour fêter la Saint-Bernard, les moines avaient préparé un pâté « grand comme une église », d'énormes jambons, des rôtis de veau, des montagnes d'artichauts… et bien sûr, à l'extrémité du réfectoire, une fontaine remplie d'une centaine de bouteilles !

Par ailleurs, les chartreux, les templiers, les hospitaliers de Saint Jean de Jérusalem perpétuèrent également cette relation étroite entre l'église et le vin, valorisant de nombreux vignobles, notamment dans le Sud de la France et particulièrement en Vallée du Rhône.

## La naissance du plain-chant dans les abbayes

La règle de saint Benoît prônait le renoncement, la pauvreté, l'obéissance, la chasteté… mais elle encourageait aussi le chant liturgique pour rythmer la vie du monastère.

La journée du moine était ponctuée d'offices quotidiens : matines (avant le lever du jour), laudes (à l'aurore), prime (6 h), tierce (9 h), sexte (milieu du jour), none (15 h), vêpres (18 h), complies (fin de la journée). Ces offices étaient reliés les uns aux autres par un fonds commun de 150 psaumes (chants religieux tirés de la Bible) dont le cycle complet était chanté chaque semaine. Ce rituel fut d'ailleurs critiqué par saint Bernard de Clairvaux qui reprocha aux bénédictins leurs offices interminables et, ainsi assoiffés, de boire d'énormes quantités de vin !

Le plain-chant (ou chant grégorien) était un bon moyen de transmettre simplement les textes sacrés durant les premiers siècles du culte chrétien, avec une ligne mélodique unique qu'aucun accompagnement ne venait troubler.

Les monastères contribuèrent particulièrement au progrès musical en perfectionnant ce chant qui n'est pas, comme on pourrait le croire, l'œuvre de Grégoire le Grand, pape de 590 à 604. Ce dernier se contenta de mettre en ordre le calendrier liturgique et l'ordonnance des prières. Le chant grégorien est en fait une hybridation des chants romain et gallican. Il comprend trois formes de musique : la cantilienne (prière, lecture, psaume avec voix modulée), l'antienne (composition libre) et l'hymne (nouveau poème mis en musique).

Au fil du temps, les offices de matines et de vêpres se compliquèrent sur le plan musical avec des chants entrecoupés de lectures suivies de « répons ». Au final, ces chants devinrent si difficiles à chanter par les laïcs qu'ils furent réservés aux chœurs expérimentés des monastères, des cathédrales et des chapelles collégiales.

À cet « office divin » s'ajouta la messe, elle aussi ponctuée de parties chantées, soit par le chœur, soit par tous les participants et bien sûr la célébration de l'Eucharistie. La solennité relative de la messe variait en fonction du lieu et des circonstances de la célébration. Les chants étaient ainsi particulièrement élaborés à Noël, à Pâques ou à la Pentecôte. Quant aux textes immuables de l'Ordinaire de la messe, ils sont bien connus des amateurs de musique classique car de nombreux compositeurs les ont utilisés pour leurs « messes ».

## Vin et musique dans la liturgie du fond des âges

Sur l'histoire du temple à Jérusalem, il existe des témoignages écrits autres que les livres canoniques de l'Ancien Testament qui permettent de mieux connaître les traditions culturelles.
Ainsi, le livre apocryphe *L'Ecclésiastique* (vers 200 av. J.-C.) contient une description vivante de la liturgie de la fête du Grand Pardon où l'on voit que le vin et la musique étaient liés : « On donnait au chef des prêtres le vin pour l'oblation : il était debout à l'angle de l'autel, tenant une serviette, et deux prêtres se tenaient près de la table des graisses, tenant deux trompettes d'argent. Ils sonnaient un coup long, suivi d'un bref, puis d'un long. Ils allaient ensuite se placer aux côtés de Ben Azra, l'un à sa droite, l'autre à sa gauche. Quand il s'inclinait pour faire l'oblation, le chef des prêtres agitait sa serviette, Ben Azra sonnait des cymbales, et les lévites* entonnaient le chant. Quand ils arrivaient à la fin d'une section, les prêtres sonnaient un long coup de trompette, on se prosternait (...). C'est ainsi que se déroulait l'offrande quotidienne (...). C'est ainsi que les lévites chantaient dans le Temple ».
Le document précise également que le chœur se composait d'au moins douze chantres et de quelques garçons en plus pour « ajouter de la douceur » et que les instruments comprenaient au moins neuf lyres (*kinnor*), kithara (*nebel*) et de deux à douze chalumeaux en roseau (*halil*) et des cymbales (*mezaltain*).

* Lévite signifie membre de la tribu de Lévi, voué au service du Temple.

La Présentation au Temple *par Gentile da Fabriano (vers 1370-1427).*
Page de gauche : La Messe de saint Grégoire, *peinture du XV^e^ siècle.*

Le chant grégorien constitue le soubassement de l'art musical occidental mais, sans une notation complexe (hauteur des notes, rythme...), il n'aurait pu évoluer vers la forme artistique complexe qu'est la polyphonie (superposition de plusieurs mélodies).
C'est d'ailleurs un moine bénédictin italien du XI^e^ siècle, Guido d'Arezzo, qui est à l'origine de la portée de quatre lignes et du nom des notes. Il eut l'idée de placer les signes (neumes) sur des lignes parallèles. Parfois, ces lignes étaient colorées (jaune ou vert pour la note do, rouge pour le fa). La clé de sa méthode était un *Hymne à Saint Jean* dont chaque vers commençait un ton plus haut que le précédent. On pouvait alors chanter, indépendamment de l'hymne, les premières syllabes de chaque ligne pour avoir et nommer les notes de la gamme (le si fut inventée plus tard, au XVI^e^ siècle) :
« UT queant laxis
REsonare fibris
MIra gestorum
FAmuli tuorum
SOLve polluti
LAbii reatum, Sancte Iohannes »
(Pour que puissent résonner dans les cœurs détendus les merveilles de tes actions, enlève le péché de ton impur serviteur, ô Saint Jean).

Quand, à la fin du XIII^e^ siècle, les pièces polyphoniques utilisées pendant la célébration de la messe dans les églises s'étendirent à l'Ordinaire, cela rendit impossible une participation chantée des fidèles. Les gens du peuple développèrent alors une musique mal dégrossie comme les *laudes spirituales* (louanges spirituelles) très populaires lors des fêtes de la fin du Moyen Âge.

**Des banquets du Moyen Âge aux réjouissances royales d'avant la Révolution de 1789, le vin et la musique agrémentaient la vie des puissants et les fêtes populaires.**

*Jardin d'amour à la cour de Philippe III le Bon, duc de Bourgogne, dans les jardins du château de Hesdin en 1432, fêtes données à l'occasion du mariage de son chambellan André de Toulongeon, copie du XVIe siècle.*

# Banquets du Moyen Âge et fêtes baroques

À la fin du XIe, on festoyait à la table des grands seigneurs et des hauts dignitaires de l'église. Les miniatures des manuscrits et les livres d'heures nous donnent des indications sur ces festins souvent agrémentés de musique.

Le banquet permettait de célébrer de nombreux événements : traité de paix, nouvelle alliance, baptême, mariage, investiture... jouant ainsi un rôle social et politique. Rituel semblable à celui de la messe, il s'accompagnait de musique et de rites préparatoires. C'était un spectacle total, à la fois profane et religieux, littéral et symbolique. On pouvait festoyer jusqu'à 150 jours par an !

La disposition en arc de cercle des longues tables étroites posées sur des tréteaux permettait aux convives d'assister aux spectacles donnés par les chanteurs, les musiciens, les danseurs...

Les troubadours, imprégnés de musique grégorienne et issus de toutes les classes sociales, allaient de ville en ville, de château en château, pour divertir le public. Ils composaient leurs propres textes, souvent des chansons d'amour, en s'accompagnant du luth, de la harpe ou de la cithare.

Il n'y avait sur la table ni verre ni gobelet mais de grands hanaps de métal précieux qui circulaient de main en main. Ils étaient remplis par l'échanson à partir de cruches, de bassins à rafraîchir, de pots et d'aiguières disposés sur une desserte par le sommelier. La coupe de vin circulait selon un rite bien précis : il fallait la recevoir avec gratitude de son voisin, la tenir à deux mains, vider et essuyer sa bouche, boire peu, ne pas la souiller de son pouce... On ne devait pas adresser la parole à l'homme qui buvait. Les verres et gobelets individuels n'apparurent qu'à la fin du XIVe siècle.

Chaque convive buvait environ deux litres de vin mais surtout au début et à la fin du repas, lors de rituels d'hommages collectifs (toasts). Durant le repas, pour apaiser la soif provoquée par les mets épicés et salés, on préférait l'eau.

Boire relevait donc d'une symbolique qui visait à montrer sa puissance. L'Église fermait d'autant plus volontiers les yeux sur ces excès de table que les restes fort abondants,

Les Très Riches Heures du Duc de Berry, *Le Mois de Septembre par les frères de Limbourg.*

Double page suivante : Le Livre des Conquestes et Faits d'Alexandre.

même après le service des domestiques, étaient distribués (sous son contrôle) aux malades et aux pauvres.
Le banquet du Faisan, organisé à Lille en 1454 à la cour des ducs de Bourgogne par Philippe le Bon pour récolter les fonds nécessaires à une nouvelle croisade, en est un exemple frappant. Olivier de La Marche évoque ainsi un « pâté en croûte » dans lequel 28 personnes jouèrent de divers instruments, des tonneaux de vin, un garçon de 12 ans monté sur un cerf entonnant le *superius* de Gilles Binchois « Je ne vis oncques la pareille », l'animal exécutant le ténor…
Les musiciens franco-flamands (au XV$^{e}$ et XVI$^{e}$ siècle, la Flandre et la Bourgogne formaient un même État) qui servaient à la cour des ducs de Bourgogne tels que Gilles Binchois, Loyset Compère ou Guillaume Dufay vivaient en hédonistes comme en témoignent leurs nombreuses chansons dédiées à la vigne et au vin. Divers documents conservés à Bruges (une autre possession bourguignonne) attestent même qu'ils acceptaient parfois d'être payés en bouteilles !
Car si les vins rouges grossiers étaient laissés au peuple, les nobles, les bourgeois et les abbés des grandes abbayes avaient l'habitude de boire des vins blancs ou clairets de qualité. On appréciait également les vins doux et liquoreux du Sud de l'Europe (Malvoisie, Madère) et les vins aromatisés, parfumés à l'absinthe ou aux épices.
Olivier de la Marche relate également le festin orchestré en 1468 au mariage de Charles le Téméraire avec Marguerite d'York. En présence de plusieurs éléphants, une baleine entière fut halée par les serviteurs sur fond de clairons et trompettes. Il évoque des sirènes dont le chant appelait des chevaliers de mer. Près de 40 personnes jaillirent au total de cette baleine au son du tambourin !
Un autre exemple de banquet est celui du cardinal Annibal de Ceccano en l'honneur du pape, Clément VI, durant l'année 1343 en Avignon. Une fontaine surmontée d'une tour et d'une colonne laissait échapper des vins de Provence, de la Rochelle, de Beaune, de Saint Pourçain et du Rhin. Après un tournoi organisé dans la salle même du festin, un concert de musique clôtura la fête. Le maître queux accompagné d'une trentaine d'aides exécuta une danse. Lorsque le pape se fut retiré dans ses appartements, on apporta le vin et les épices.

*Bal donné au Louvre en présence d'Henri III et de Catherine de Médicis pour le mariage d'Anne, duc de Joyeuse et de Marguerite de Lorraine-Vaudémont (sœur de la reine Louise), le 24 septembre 1581.*

## Catherine de Médicis fait du banquet un spectacle

L'apparition de l'imprimerie et la diffusion du livre permirent de régler les manières de table et la pratique de la cuisine. Le premier livre de cuisine, *Le Viandier* de Taillevent, date de 1a fin du XV^e siècle.

Au cours du XVI^e siècle, le couvert individuel se généralisa avec l'ensemble couteau, cuillère, fourchette et une assiette. On commença à manger plus en fonction de sa santé que de son plaisir. La fête n'était plus un espace de cohésion sociale mais un lieu réservé à une minorité, offrant le spectacle de ses réjouissances aux autres.

Le festin offert par la ville de Rome aux Médicis, en 1513, fut l'un des derniers festins médiévaux par le type de plats mais marqua un tournant par le spectacle qu'il offrit au peuple.

En France, Catherine de Médicis fut l'une des initiatrices de cette évolution comme en témoigne la fête qu'elle organisa le 24 juin 1565 dans un jardin du château de Fontainebleau. Les spectateurs gagnèrent l'île et assistèrent au ballet. Des troupes de bergères arboraient chacune l'habit des différentes provinces de France. Abrité sous un pavillon, le festin s'acheva par un ballet de nymphes qui descendirent d'un rocher, escortées par des musiciens et des satyres.

La scène fut racontée par Marguerite de Valois, alors enfant, lorsqu'elle rédigea ses mémoires. Le festin devenait donc une fête baroque qui exaltait le pouvoir politique en place et dont l'aspect théâtral allait s'amplifier au détriment de la nourriture et des boissons. Le vin et la

musique restèrent néanmoins des constantes de ces nouvelles réjouissances.
On préférait désormais la finesse des préparations et la rareté des mets à l'abondance médiévale : le convive devenait un gourmet. Sur le plan musical, le XVIIe siècle fut marqué par le passage de la Renaissance, avec sa superposition de voix différentes (polyphonie) au Baroque, caractérisé par l'apparition d'une basse continue, véritable soutien harmonique et rythmique.
Cette musique savante, composée par des musiciens comme Bach ou Haendel, exigeait une bonne connaissance du solfège. C'est pourquoi se développa dans les campagnes une autre musique, plus populaire, qui accompagnait les processions religieuses, les fêtes paysannes, les mariages et les enterrements. Jouée par des gens du pays ou des musiciens ambulants à l'aide d'instruments rustiques (cornemuse, cornet, hautbois, biniou, viole, bombarde, guimbarde...), elle incitait à danser la bourrée, le rigodon, le branle...
Durant le carnaval, on jouait du *grommelpot* allemand (le pot qui grommelle, un tambour à friction), des hochets racleurs ou des crécelles, utilisés après Noël et jusqu'au jour des Rois pour chasser l'hiver et appeler la Nouvelle Année.

## Le cérémonial du repas royal

Les fêtes de table grandioses de Louis XIV chantaient la toute puissance royale et l'absolutisme de la monarchie, comme en témoigne la fête des Plaisirs de l'Isle enchantée, donnée en mai 1664. Durant trois jours, en présence de 600 invités, Versailles se transforma en une île soumise aux sortilèges de la magicienne Alcina.
Le décor était grandiose, les costumes époustouflants, y compris pour les serviteurs qui portaient des habits représentant chaque saison. Ceux qui transportaient la glace étaient vêtus de fourrures et adoptaient la démarche que l'on a en hiver. La nuit venue, un grand repas de mets délicats et de vins exquis fut servi sur fond de concert de musique.
Le siècle de Louis XIV était friand de ces fêtes organisées à toutes les occasions. La monarchie absolue devenait ainsi une illusion et un sortilège s'adressant au regard. La politique ne se discutait plus, elle s'admirait.
Le repas du roi devint donc une liturgie, un cérémonial où le vin et la musique avaient leur place. Le roi faisait preuve de gloutonnerie en rapport avec son immense appétit de pouvoir, mais il buvait fort peu de vin. Il accompagnait ses repas de deux ou trois verres de Champagne, très en faveur à la cour car c'était le « roi des vins ». Le philosophe Michel Onfray explique d'ailleurs, dans *La Raison Gourmande* que le Champagne est une « production baroque ». Il fait des bulles et « la bulle est l'une des métaphores privilégiées de l'époque baroque et du fort sentiment d'évanescence des êtres et des choses ».
À partir de 1694, selon les prescriptions du médecin Fagon, le roi se délectait d'un vin de Bourgogne coupé d'eau.
D'espace fondateur de la philosophie antique, de la religion chrétienne puis du partage des classes au Moyen Âge, la table devint donc un lieu de pouvoir et de gouvernement. Elle évolua par la suite en banquet républicain. Dans tous les cas, le vin et la musique accompagnèrent ces mutations.

*Le Roi gouverne par lui-même, modello pour une des grandes compositions de la voûte de la Galerie des glaces par Charles Le Brun (1619-1690).*

Vue de la place Saint-Marc à Venise *par l'école d'Antonio Canaletto (1697-1768).*

## Musiques et fêtes baroques dans la Venise de Vivaldi

Antonio Vivaldi naquit à Venise en 1678. Fils d'un violoniste de l'église Saint-Marc, le « prêtre roux » n'exerça jamais vraiment son métier de prêtre mais, en tant que maître de violon, il éduqua les jeunes filles de condition modeste recueillies à l'orphelinat Santa Maria della Pietà. Ces jeunes filles se produisaient cachées par des grilles devant de prestigieux invités dans les églises. La musique instrumentale et vocale de Vivaldi était alors très en vogue car elle reflétait l'état d'esprit qui régnait à Venise en ce début du XVIIe siècle. C'était l'apogée de l'opéra vénitien, la musique et les réjouissances triomphaient.

« On chante dans les places, dans les rues et sur les canaux ; les marchands chantent en débitant leur marchandise, les ouvriers chantent en quittant leurs travaux, les gondoliers chantent en attendant leur maître » écrit Carlo Goldoni dans ses *Mémoires*.

Les nombreuses fêtes et divertissements populaires, à commencer par le carnaval qui durait alors plus de six mois, avaient pour but de célébrer Dieu, mais aussi de conserver l'unité de la ville en rappelant les événements fondateurs de la République et les faits glorieux de son histoire.

Les fêtes républicaines étaient prétexte à des débordements de plaisirs dans les palais, notamment dans les ambassades. Des fontaines de vin régalaient le peuple, on jetait du pain à la population. Le soir, des sérénades apportaient une animation toute particulière dans les palais où des centaines de masques se jetaient sur les buffets de victuailles et de rafraîchissements.

Lors de l'élection d'un doge, on jetait au peuple du pain et de l'argent et l'on offrait du vin à volonté. Jusque dans les théâtres, où le public était issu de toutes les classes sociales, régnait une très grande convivialité. On servait des gourmandises, des rafraîchissements et du vin car il faisait chaud pendant les représentations.

Le couronnement du Doge de Venise sur l'Escalier des Géants au Palais Ducal de Venise *par Francesco Guardi (1712-1793).*

Les palais, ambassades, académies et autres cercles privés accueillaient une activité littéraire et musicale intense. Jean-Jacques Rousseau, durant son séjour à l'ambassade de France, s'étonna que la pratique musicale fut si bon marché : « Je louai un clavecin, et pour un petit écu, j'avais chez moi quatre ou cinq symphonistes avec lesquels je m'exerçais une fois la semaine à exécuter les morceaux qui m'avaient le plus fait plaisir à l'Opéra. »

Plutôt sobres et austères à l'extérieur de leur palais, les grandes familles vivaient chez elles dans un faste qui rappelait les grandes cours d'Europe. Durant les repas, les plats étaient annoncés au son des fifres. Après le dîner, on faisait entrer des chanteurs qui interprétaient des airs d'opéras accompagnés d'un clavecin, d'un théorbe, d'un violon ou d'un violoncelle.

Capitale d'une République, Venise était le siège de plusieurs ambassades et résidences d'États d'Europe. Quand Henri-Charles Arnauld, abbé de Pomponne, fut nommé ambassadeur de France en 1705, il fut accueilli en grande pompe par le doge qui lui offrit 16 bassins de toutes sortes de confitures et 24 bouteilles de vin blanc et rouge. Durant deux jours, l'ambassade fut ouverte aux visiteurs qui se virent offrir mets et vins délicats. À l'extérieur, on distribua à la population 4000 livres de pain et six tonneaux de vin. Dans la rue illuminée, 12 trompettes, 12 hautbois et 12 tambours jouèrent sans discontinuer.

À l'ambassade de France, tout événement était prétexte à organiser de grandes soirées musicales avec les meilleurs mets et les plus grands vins : jour de la Saint-Louis, naissance des petits enfants de Louis XIV… Chaque fois, Son Excellence se faisait un devoir de rendre compte à Versailles de la magnificence de la fête, de la musique jouée à cette occasion mais aussi des fontaines de vin, des feux d'artifices et du goût unique des illuminations offertes au public. Quelle que soit l'ambassade, les fêtes s'accompagnaient des mêmes réjouissances : de l'argent et du pain pour les pauvres, des feux d'artifice illuminant la lagune et les canaux, des fontaines de vin coulant pendant des heures sur les places.

Luther prêchant à la Wartbourg
*par Hugo Vogel (1855-1934).*

Jusqu'à la fin des années 1730, Vivaldi resta en phase avec ce monde de réjouissances et de plaisirs, exprimant tout son talent de compositeur et de musicien. Mais à la fin des années 1730, il passa de mode, s'exila à Vienne et s'éteignit dans la misère et l'oubli le 28 juillet 1741.

## Martin Luther, amateur de vin et fin musicien

« Qui n'aime point le vin, les femmes ni les chants restera un sot toute sa vie. » Le père de la Réforme protestante, Martin Luther, fut un fin musicien et un amateur de vin.

Moine augustinien, il connaissait bien le chant grégorien traditionnel, grâce à sa formation de chanteur et de luthiste et savait composer correctement dans le style polyphonique. Voulant « rendre la musique au peuple et faire chanter l'ensemble des fidèles », il créa des psaumes en allemand avec des paroles simples et usuelles sur des mélodies faciles à retenir. Il refusait l'orgue (trop proche du pape) et considérait certains instruments à vent, les percussions et les cordes frottées notamment comme diaboliques.

C'était aussi un bon vivant qui appréciait le vin, malgré son origine « exotique ». Ses propos de table sont savoureux et rabelaisiens car, au-delà du renoncement, la vie terrestre est, pour lui, d'abord faite de joies terrestres.

Luther buvait de la bière de Wittenberg mais aussi du vin rhénan. Dans une lettre à Jérôme Weller, le précepteur de son fils, il écrivit en 1530 : « Il y a des fois où il faut boire un coup de trop, et prendre ses débats, et s'amuser, bref commettre quelque péché en haine et en mépris du diable, pour ne pas lui laisser lieu de nous faire un cas de conscience de niaiseries minuscules… Donc, si le diable vient me dire : « Ne bois pas ! », réponds-lui aussitôt ! « Précisément je boirai, puisque tu le défends, et même je boirai un bon coup ! Il faut toujours faire le contraire de ce que Satan défend ! ». Il ajouta : « Quelle autre raison crois-tu que j'aie, pour boire de plus en plus mon vin pur, tenir des propos de moins en moins retenus, de plus en plus souvent faire de bons dîners ? C'est pour moquer le diable et le vexer, lui qui naguère me vexait et me moquait ! »

Luther recevait de temps en temps un tonneau de vin clairet et délaissait, les jours de fête, sa bière pour une bonne pinte de vin.

**Guinguettes, cafés-concerts, sociétés bachiques et chantantes... furent les lieux de détente de la société française, du XVIIIe siècle à l'après-guerre. C'est d'ailleurs dans un café concert que la Sacem (Société des Auteurs, Compositeurs et Éditeurs de Musique), trouve son origine.**

# Le vin des guinguettes et des cafés-concerts

Les guinguettes apparurent aux portes de Paris vers le milieu du XVIIe siècle, en dehors des barrières de l'octroi, ce droit d'entrée que les autorités avaient fortement augmenté pour renflouer les caisses d'une ville très appauvrie par la Fronde.
La guigue (ou gigue) désignait au Moyen Âge une sorte de violon dont la mélodie animait les fêtes de village. Aussi attribua-t-on au vin aigrelet qui invitait à la danse le nom de guinguet. La guinguette devint donc naturellement le lieu où l'on buvait et dansait.

Le Théâtre de l'Ambigu-Comique et le boulevard Saint-Martin *par Giuseppe Canella (l'Aîné) (1788-1847).*

Les vins servis provenaient des vignobles d'Ile de France, ils étaient souvent médiocres mais coûtaient vingt fois moins cher qu'à Paris. On les appréciait sur fond de musette (une sorte de petite cornemuse), de violon ou de vielle, en se régalant d'une matelote (un ragoût de poisson cuisiné au vin) ou d'une gibelotte (ragoût de lapin également cuisiné au vin).

Au début des années 1750, les Parisiens aimaient à se promener le long des remparts plantés d'arbres, sur les larges allées ombragées des « bouleverts ». Le large boulevard du Temple par exemple était très fréquenté car il menait aux guinguettes de la Courtille.

L'une d'elles appartenait à Jean Ramponneau et fut immortalisée par de nombreuses gravures et chansons. Installée dès 1752 à la Courtille de Belleville, elle avait pour enseigne *Le Tambour Royal*. On y servait du vin de bonne qualité provenant d'Argenteuil ou d'Asnières, à un prix défiant toute concurrence. Son spectacle drôle attirait des musiciens, des écrivains...

Jean Ramponneau ouvrit un second cabaret aux Porcherons en 1772, *La Grande Pinte*, puis d'autres à partir de 1784 lorsque la barrière de l'octroi fut déplacée.

Paris n'était pas la seule ville à disposer de guinguettes : de grandes villes de garnison comme Metz, sur les rives de la Moselle, ou d'industrie de la soie comme Lyon, le long du Rhône, étaient des lieux de détente prisés des soldats et des ouvriers. Ils s'y rendaient le dimanche et les jours de fête pour boire, chanter et danser. Après l'austérité des dernières années du règne de Louis XIV, les grands froids et les étés pluvieux, le peuple avait en effet envie de s'amuser.

D'ailleurs, si le manque de pain, la pauvreté et les abus de la monarchie furent très certainement les causes profondes de la Révolution de 1789, le prix du vin, fortement taxé, en fut peut-être le déclencheur. Car à l'époque, l'eau était insuffisante et souvent contaminée. Mieux valait donc boire du vin. Les premiers troubles de la Révolution auraient par conséquent été provoqués par un tenancier de guinguette souhaitant introduire du vin de contrebande dans l'enceinte de Paris !

Le vin rouge accompagna les nouvelles festivités républicaines. Maximilien de Robespierre composa même une (médiocre) chanson à boire de douze couplets, *La Coupe vide* :

« ...Bacchus de là-haut
À tout buveur d'eau
Lance un regard sévère.
Ô mes amis, tout buveur d'eau,
Et vous pouvez m'en croire,
Dans tous les temps ne fut qu'un sot,
J'en atteste l'histoire... ».

Le prix du vin resta au cœur des préoccupations des révolutionnaires. Malgré l'énorme perte fiscale que cela entraînait, l'Assemblée constituante promulgua, le 19 février 1791, un décret supprimant les barrières d'octrois.

Les chansonniers en profitèrent pour créer des salles destinées à accueillir les vaudevilles qu'ils écrivaient. Le théâtre de Vaudeville par exemple, fut fondé par Yves Barré, Desfontaines et Jean-Baptiste Radet en 1792.

Durant les années 1795-1796, au sortir des atrocités de la Terreur, Sainte-Beuve décrivit cette période dans ses *Portraits contemporains* comme « l'extrême orgie du Directoire, la bacchanale universelle ». On se remit en effet à vivre, à jouir de l'usage des sens, des plaisirs... « On déjeuna, on dîna, on chanta beaucoup ; Comus, Momus et Bacchus furent à l'ordre du jour : c'était bien le moins après la déesse Raison ».

Ces propos furent d'ailleurs confirmés par Louis Sébastien Mercier, révolutionnaire girondin opposé à la Terreur, qui publia en 1798 *Le Nouveau Paris* dans lequel il évoque les relations entre le vin et la musique : « Jadis, il n'y avoit que les rois et princes du sang qui jouissoient du singulier privilège de dîner en musique. Aujourd'hui, tous les citoyens indistinctement sont princes et rois. Ils dînent en symphonie avec flûtes, cors et haut-bois obligés. La musette même joue dans la gargotte enfumée du Limousin, tandis qu'il avale son brouet ». Mercier décrit aussi, par contraste, les souterrains où chantaient les aveugles et les mendiants : « À chaque instant, le directeur de cet épouvantable sabbat, s'évertue et des pieds et des mains, pour remettre en mesure ses Muses indociles. Elles ne connoissent d'autre accord que le tintement des verres ou celui des bouteilles qu'elles cassent dans l'agitation de l'ivresse (...) Quiconque n'applaudit pas au sifflement du flûteur ivre qui bave dans sa flûte, ou à tel chanteur à la voix de corbeau, risque d'être provoqué, insulté, honni. Ce sont les Cafés qui ont amené la mode des concerts d'harmonie, et qui ont fait de la musique le métier de tout le monde ».

## Le Champagne, la plus suave des musiques

« Voilà, mes amis, la plus suave des musiques, le son le plus doux à l'oreille, la symphonie qui correspond le mieux à l'âme » profère Antony Real, écrivain français et disciple d'Épicure, à propos du Champagne.

Pour sa part, le philosophe Michel Onfray assure que le Champagne « peut être apparenté à la musique – là où le Bordeaux serait peinture, le Bourgogne sculpture. D'ailleurs, poursuit-il dans *La Raison gourmande*, le Champagne est le seul vin qui chante, réellement. Il suffit, outre le claquement sec du bouchon, qui, à lui seul, est promesse de musiques heureuses, d'écouter crever à la surface de la coupe les bulles du breuvage qui vit ».

Il est vrai que le « roi des vins » occupe une place à part dans l'univers de la musique en tant qu'acteur de premier plan dans les opérettes de Johann Strauss ou de Jacques Offenbach par exemple, mais aussi en tant qu'inspirateur de nombreux chanteurs et de musiciens.

Nocturne au champagne *par Ludovic Alleaume (1859-1941) et François Antoine Vizzavona (1876-1961).*

Son invention est attribuée à un moine de l'abbaye de Hautvillers sans que cela n'ait jamais été vraiment démontré. Mais les historiens s'accordent à dire que dom Pérignon contribua fortement à l'amélioration de la qualité du Champagne par l'assemblage de différents crus notamment, la mise au point du collage, du bouchage…

À la fin du XVIIIe siècle, on ne comptait qu'un petit million de bouteilles de Champagne effervescent. Il était apprécié de Frédéric II de Prusse, Catherine II de Russie, du premier ministre britannique Sir Robert Walpole, Voltaire, Diderot… Il était rare et cher, difficile à produire avec des problèmes de dépôts. Antoine de Müller, employé de Nicole Ponsardin, veuve Clicquot, inventa vers 1810 le remuage qui permit d'abaisser les coûts de production. L'essor des baffleries de verre industrielles contribua aussi à diminuer le prix des bouteilles.

La clientèle réclama alors un vin sucré, peu alcoolisé et très mousseux, à boire en grosse quantité lors des fêtes et des bals ou pour accompagner les desserts. D'une façon générale, le Champagne prit la place qu'occupaient, depuis le Moyen Âge, les vins liquoreux de la Méditerranée.

En 1829, Louis Alexandre Faure, un négociant de Saint-Péray qui vendait son vin blanc aux négociants d'Épernay, inventa le « Champagne du pauvre » grâce à un caviste champenois. L'effet était en effet identique : le bouchon sautait, le vin pétillait, le sucre poissait… et les femmes cédaient ! Le Champagne ne conquit les Anglais qu'après avoir cédé une partie de son sucre. Ce « goût anglais » s'étendit ensuite aux autres consommateurs.

En 1911, des troubles agitèrent la Champagne car un décret proposa de limiter la production au seul département de la Marne. L'Aube fit la grève de l'impôt, le drapeau rouge flotta sur les mairies et un « Hymne des vignerons champenois de l'Aube » appela, sur l'air de l'Internationale, les « damnés de la terre » à se soulever « contre les millionnaires de la Marne ». Tout finit par s'arranger grâce à la hausse du prix des raisins.

*Caricature : « Le noble pas de deux ».*

## Les guinguettes au bord de l'eau

Au début du XIX^e siècle, les « cafés chantants » étaient nombreux à Paris avec leurs chansonniers (dont les textes étaient néanmoins étroitement contrôlés par les autorités), leurs bateleurs, comédiens et autres marionnettistes. On y buvait du Champagne et du vin de muscat, mais aussi de la limonade, du café, de la bière et du punch.
De 1815 à 1848 se développèrent également à Paris et en province les goguettes, ces sociétés chantantes ouvrières qui réunissaient des ouvriers et des artisans. Les participants y exprimaient, à travers des chansons et en buvant force bouteilles de vin, une certaine contestation sociale et politique avec beaucoup plus de véhémence que les « caveaux bourgeois ». Les goguettes furent d'ailleurs le foyer de la révolution de 1848 à Paris.
En province, elles étaient davantage des « sociétés mangeantes, bachiques et chantantes » réunissant les notables de la ville qui composaient, parfois avec talent, d'éphémères couplets.
Les lieux de détente évoluèrent sous l'impulsion de Louis Napoléon Bonaparte en cafés-concerts, établissements dont la principale raison sociale était la vente de boissons, mais aussi la distraction du public par un spectacle vocal et musical.
Difficilement contrôlables, plus ou moins subversifs, les goguettes et les cafés chantants disparurent.
Quant aux guinguettes, elles se déplacèrent en banlieue suite au développement du chemin de fer, sur les bords de Marne ou de Seine, dans un cadre champêtre et nautique. On y dégustait de la friture de goujons et d'ablettes en buvant du vin blanc des coteaux voisins, du mousseux ou du Champagne au son de petits orchestres jouant du piano, du violon et de la clarinette. On dansait la valse, le

quadrille, la polka, la mazurka ou la scottish avant de s'essayer au boston, au cake-walk ou au ragtime.
Claude Monet, Auguste Renoir peignirent fort bien ces lieux de détente. Théophile Gautier, Émile Zola et Guy de Maupassant les décrivirent dans leurs romans.
Quant aux cafés-concerts, très appréciés de la bourgeoisie, ils se multiplièrent à Paris selon la géographie imposée par les percées urbaines du préfet Haussmann, se regroupant près des théâtres de luxe et des bals publics.
Dans le secteur des Champs-Élysées, à partir des années 1845, on comptait de nombreux estaminets rafraîchissants. Une clientèle assez fortunée y buvait, de 19 heures à minuit en semaine et le dimanche après-midi, du vin mousseux, du médiocre Champagne, des vins sucrés servis au verre, des apéritifs, des alcools, des liqueurs... Un chanteur assurait l'animation et passait, toutes les demi-heures, de table en table pour gagner sa vie.

*Le Café chantant des Ambassadeurs aux Champs-Élysées, vers 1840.*

## Une consommation impayée à l'origine de la Sacem

C'est au *Café des Ambassadeurs* que naquit, durant ces années-là, la chanson spectacle. Le gérant engagea, après les fusillades de 1848, une troupe de musiciens et de chanteurs. L'année suivante, il aménagea une grande terrasse avec une estrade et lança le « concert des Ambassadeurs ». La règle voulait que les spectateurs renouvellent leur consommation à l'entracte ou quittent les lieux. En juillet 1850, l'auteur-compositeur Ernest Bourget, accompagné de ses amis et confrères Victor Parizot et Paul Henrion, savouraient leurs consommations en écoutant des artistes interpréter... leurs propres chansons ! Lorsque le garçon vint présenter la note, ils refusèrent de payer, arguant que si le patron rémunérait les interprètes, personne ne les rétribuait eux, les auteurs. L'affaire se poursuivit en justice. À la surprise générale, le tribunal de la Seine donna raison aux auteurs. Le jugement, confirmé en appel, aboutit, le 28 février 1851, à la création d'une agence centrale pour la perception des droits d'auteurs et compositeurs de musique, agence qui devint la Société des auteurs, compositeurs et éditeurs de musique (Sacem). Celle-ci compta rapidement plusieurs milliers d'adhérents, permettant à de nombreux créateurs, chansonniers et compositeurs de musique classique de vivre de leur art.
Le Paris de 1860 abritait de nombreux cafés-concerts, en

*Théâtre de l'Eldorado au 4 boulevard de Strasbourg, Paris X^e^.*

particulier dans le quartier des Champs-Élysées, mais aussi sur le boulevard du Temple. C'était le Second Empire de Napoléon III, avec ses refrains parfois stupides que la foule répétait en chœur.
À cette époque apparurent L'Eldorado (boulevard de Strasbourg) et L'Alcazar (rue du Faubourg Poissonnière). En 1861, on abandonna le fameux renouvellement des consommations à L'Eldorado. Le costume de scène, interdit jusque-là pour éviter la rivalité avec les théâtres, fut enfin autorisé, laissant la voie libre à la chanson spectacle et au music-hall.
Dans le même temps apparurent des clubs tels que le Cercle des Hydropathes (1878 à 1881) fondé par Émile Goudeau. Nommé ainsi en raison des tendances alcooliques de son fondateur, il réunissait dans des cafés du Quartier latin Guy de Maupassant, Charles Cros et Sarah Bernhardt. Ce sont des Hydropathes qui donnèrent d'ailleurs naissance au « cabaret montmartrois » tel que Le Chat Noir, Le Lapin À Gil d'André Gil ou les Quat'z Arts.
Avec son costume de velours côtelé, sa chemise rouge, son chapeau à larges bords, ses hautes bottes fourrées et sa grande cape, Aristide Bruant débuta au *Chat Noir*. Issu d'une famille bourgeoise ruinée, il évoquait dans son répertoire les laissés-pour-compte, les miséreux, les loulous…

« Je cherche fortune
Autour du Chat-Noir
Au clair de la lune
À Montmartre le soir. »

## Les guinguettes font de la résistance

Les guinguettes résistèrent mieux que les cafés-concerts à l'arrivée des temps modernes. Véritables exutoires après la première guerre mondiale, elles devinrent célèbres grâce aux films de Marcel Carné. L'accordéon y fit son apparition. Né à Paris en même temps que le jazz, c'était l'instrument de plein air idéal. Malgré la résistance des Auvergnats de l'est de Paris qui lui préféraient la musette, il finit par remplacer tous les instruments, y compris le violon et la vielle.
L'accordéoniste menait la danse au centre d'un petit orchestre composé d'une batterie, d'un violon, d'un banjo, d'un piano, d'une contrebasse, éventuellement de quelques instruments à vent et parfois d'un chanteur ou

En haut : Le Chat noir, *ballade d'Aristide Bruant (1859-1923).*

*Couple dansant devant « Le Tabou » à Saint-Germain-des-Prés.*

Page de droite : Bal du Moulin de la Galette, Montmartre *par Auguste Renoir (1841-1919).*

d'une chanteuse. En plus de se désaltérer d'un vin léger, on dansait la valse musette (conçue pour les lieux exigus), la java, le tango musette… Les guinguettes constituèrent de véritables tremplins pour des artistes telles que Fréhel ou Édith Piaf.
Les années suivant la première guerre mondiale célébrèrent aussi le triomphe du music-hall, de l'opérette dans un esprit très « Broadway ». Ce furent les Années folles, avec la revue « nègre » de Joséphine Baker au théâtre des Champs-Élysées. Les « cafés-concerts » avaient vécu, vin et musique n'allaient plus de pair, surtout que l'on commençait à servir de l'alcool dans les clubs parisiens où se produisaient, durant les années trente, des artistes américains tels que Louis Armstrong, Fats Waller ou Coleman Hawkins.
Après la deuxième guerre mondiale, les music-halls passèrent le relais aux « cabarets à Champagne » dans le périmètre des Champs-Élysées.
Ce furent les années du swing et des zazous. Le quartier de Saint-Germain-des-Prés devint, à partir de 1947, le centre de la vie musicale jazzistique. On s'enfermait dans les caves, peut-être à cause des habitudes prises durant la guerre, pour rester en dehors de la vie ou pour retrouver l'odeur du vin oublié… Selon la presse quotidienne, ces bars abritaient de « gigantesques bacchanales menées par de crasseux existentialistes » !
En fait, de grands musiciens se produisaient dans ces clubs privés (Le Tabou, Le Flore, Le Caveau de la Huchette, Le Club Saint Germain…) où l'on buvait fréquemment du vin. Stéphane Grappelli, Django Reinhardt, Charlie Parker, Miles Davis… s'y sont produits.
Léo Ferré, Boris Vian, les Frères Jacques, Georges Brassens, Charles Aznavour, Juliette Gréco, Barbara, Guy Béart, Jacques Brel… et même le grand Serge Gainsbourg débutèrent dans ces cabarets.
Quant aux guinguettes, désertées durant la deuxième guerre mondiale au profit des fêtes agrestes très prisées du régime de Vichy, elles participèrent aux joies de la Libération. Les Américains y découvrirent la *French music*, le vin, le camembert, le saucisson… bref, l'art de vivre à la française. La chanson écrite en 1943 par Jean Dréjac sur une musique de Charles Borel-Clerc, *Ah le petit vin blanc,* fit le tour du monde. La java laissa la place au swing, puis au be-bop.
Le déclin des guinguettes débuta dans les années cinquante avec l'émancipation de la radio, la généralisation du disque microsillon, le développement de la télévision.

*Boris Vian (1920-1959).*

Seules quelques villes perpétuèrent cette tradition : Nogent par exemple créa, le 27 juin 1954, la Fête du petit vin blanc. Passées de mode malgré quelques nostalgiques, les guinguettes gardèrent néanmoins une image suffisamment valorisante pour que l'Interprofession du Muscadet fasse appel à elles, durant les années quatre-vingt-dix, pour faire la promotion du vin.

## La belle aventure de la Société bachique et chantante du « Caveau »

Fondée à la fin des années 1720 par Alexis Piron, Charles-François Panard et quelques autres, la Société bachique et chantante du Caveau occupa une place à part dans l'univers du vin et de la musique.
Amateur de théâtre et de chansons, menant joyeuse vie, Panard écrivait des vaudevilles sur du papier taché d'encre et de vin. « Le vin est l'encre du génie » disait-il ! Avec ses joyeux compagnons, il participait à des dîners bien arrosés qui duraient parfois jusqu'à dix heures : vins de

Suresnes, d'Argenteuil, Bourgogne, Champagne… On chantait en chœur des chansons à boire comme celle de Panard qui a pour refrain :
« Et pourquoi donc boire de l'eau ?
Sommes-nous des grenouilles ? »

Cette belle harmonie dura une bonne dizaine d'années mais vola en éclats lorsque des gens du Monde voulurent assister aux repas. Mal à l'aise, les chansonniers se disputèrent. Le « premier » Caveau disparut vers 1743. Il reste néanmoins de cette époque les recueils publiés chaque année par l'imprimeur Ballard rassemblant des *Airs sérieux*, *Rondes de table*, *Airs à boire*, *Chansons bachiques…*

Certains membres fréquentaient d'autres sociétés bachiques et chantantes comme il y en avait tant avant la Révolution : La Dominicale, La Société des Gobe-Mouches, l'Union de l'Art et de l'Amitié en goguette…

Le Caveau réapparut finalement sous le nom de « Dîners du Vaudeville ». Les participants devaient, à chaque fois, apporter une nouvelle chanson sur un sujet tiré au sort. La renaissance fut mise en musique par le chevalier de Piis :

« Sur le plan du vieux Caveau
Fondons un Caveau nouveau !
Là qu'une ivresse unanime
Un jour par mois nous anime… »

Cette fois, les chansons étaient publiées chaque mois. On comptait aussi d'autres groupes de joyeux dîneurs comme La Société des Déjeuners des Garçons de Bonne Humeur, La Société de la Table ronde dont les membres se retrouvaient chez la comtesse de Crissé et donnèrent naissance à la célèbre chanson « Chevaliers de la table ronde : Goûtons voir si le vin est bon ! ». La Société des Mercredis, avec Grimod de la Reynière, donnait la priorité à la gastronomie, la chanson n'y étant admise qu'à titre accessoire.

En 1805, le libraire et éditeur Pierre Capelle s'intéressa au Caveau, proposant aux chansonniers, en échange du dîner mensuel dans un restaurant, de lui fournir une chanson inédite ou un article de prose pour son *Journal des Gourmands*. Soucieux de la protection de sa publication (le droit d'auteur n'existait pas), il conclut avec eux un acte sous seing privé lui attribuant l'exclusivité des textes. Les repas avaient lieu au Rocher de Cancale, alors un modeste cabaret qui devint célèbre par la suite. La société prit le nom de Société Épicurienne, puis de Caveau Moderne.

Ce fut la période la plus brillante avec des auteurs tels que Laujon, Piis, Armand Gouffé, Béranger, Désaugiers… On invitait des personnalités aux dîners comme le peintre Horace Vernet ou le comte de Ségur, grand maître des cérémonies de Napoléon qui, en même

*Alexis Piron (1689-1773), écrivain, d'après Jean-Jacques Caffieri (1725-1792), par Jean-Marie Pigalle (1792-1857), sculpteur français.*

*Philippe-Paul, comte de Ségur, général de brigade en 1812, historien, membre de l'Académie Française (1780-1873), représenté en uniforme, sous la restauration en 1828 par le baron Gérard François Pascal Simon (1770-1837).*

*Louis Armstrong, Duke Ellington et Georges Auric, remise des prix de l'Académie du jazz, décembre 1960.*

temps qu'il rédigeait le cérémonial pour le baptême du roi de Rome, écrivait cette chanson :
« Tous les méchants sont buveurs d'eau
C'est bien prouvé par le Déluge ! »

Dans les recueils de Capelle se trouvaient également des articles sur la gastronomie rédigés par Grimod de la Reynière, Berchoux, Brillat Savarin… La cuisine devenait en effet une affaire sérieuse, le restaurant le lieu des affaires et de la politique. Par la suite, les chansons furent reprises dans un volume publié en 1807 : *Le Caveau Moderne ou Le Rocher de Cancale*.
En 1808, *Le Journal des Gourmands* se transforma en *Épicurien Français ou Les Dîners du Caveau moderne*. L'épigraphe fut signée du comte de Ségur : « Rions, chantons, aimons, buvons : Voilà toute notre morale. »
En 1815, miné par des débats politiques, le Caveau Moderne sombra avant de renaître en 1825 sous le nom des « Enfants du Caveau ». Puis, la Société du Caveau fonctionna jusqu'en 1915, réunissant au restaurant Chez Drouant des avocats, des avoués, des fonctionnaires… et même une femme !

## Les premiers temps du jazz à la Nouvelle-Orléans

Vers 1890, on trouvait dans les clubs de la Nouvelle-Orléans une très grande diversité de genres musicaux. Les associations (sport, mondanités, fraternité…) organisaient de nombreux événements (parade, bal, enterrement…), toujours en musique.
Dans son autobiographie, le musicien professionnel, Pops Foster, raconte comment il passait le plus clair de son temps près du lac de Pontchartrain où, le dimanche, on pouvait compter jusqu'à 40 orchestres et fanfares. Les différents clubs organisaient chacun leur pique-nique. « Toute la journée, vous mangiez du gumbo de poulet, des haricots rouges avec du riz, du barbecue, vous buviez de la bière ou du clairet. Les gens dansaient au son des orchestres ou se contentaient d'écouter la musique ». Le ragtime, qui précéda le jazz, apparut dans la région de Saint Louis vers la fin de la guerre de Sécession. Il détrôna la polka, la valse et la scottish.
Des salles de danse virent le jour partout. Le Dr William C. Parker, qui était à l'université de l'Indiana au début des années vingt, évoque cette période « Nous sortions pour aller danser deux ou trois fois par semaine (…) On ne buvait pas beaucoup alors. Les jeunes filles ne buvaient pas du tout et les garçons sortaient en catimini pour boire un peu de vin. Les orchestres jouaient pour deux ou trois dollars par nuit ». On trouve d'ailleurs un « Champagne rag » composé par Joseph F. Lamb vers 1910.
À New York, la Prohibition entraîna la création de bars clandestins, les Speakeasies. De cette époque date le Cotton Club, créé à l'attention d'une clientèle blanche, amatrice d'alcool clandestin et de spectacles de grande qualité proposés par des artistes noirs tels que Bill Robinson, Éthel Waters, Duke Ellington, Louis Armstrong, Ivy Anderson, Cab Calloway, Lena Horne…
Durant les années de la Prohibition, on estime que 70 millions de caisses de Champagne furent illégalement importées. Lorsqu'elle fut abolie par Roosevelt en 1933, l'Amérique avait perdu son industrie viticole, mais aussi son goût pour le vrai vin au profit de boissons fortes et sucrées.

**Encore aujourd'hui, la musique est indissociable du vin lors des réjouissances populaires. Le vin apporte également une autre dimension à de grands rendez-vous musicaux internationaux. La preuve au fil du calendrier.**

# Fêtes du vin et rendez-vous musicaux au fil du calendrier

## Janvier

*Fête de la Saint-Vincent (Bourgogne et autres vignobles)*
Gardiennes de la tradition, de nombreuses confréries vigneronnes célèbrent la Saint-Vincent, le 22 janvier. Messe et procession sont au programme, mais il n'est pas rare que la fête intègre aussi des chants bachiques et de la musique. Citons par exemple la Confrérie du Chantegosier de Tautavel (Pyrénées-Orientales) dont la devise est *Dignum est cantare vinum dignum* (il est juste de chanter un vin qui le mérite) ou la Confrérie de Saint-Vincent et Disciples de la Chante Flûte de Mercurey (Saône-et-Loire) qui procède à des intronisations accompagnées du chœur bachique des « Joyeux enfants de la Bourgogne ». La célèbre Saint-Vincent tournante organisée depuis le milieu des années trente en Bourgogne par la Confrérie des Chevaliers du Tastevin s'ouvre par un défilé de 70 bannières et statues des sociétés de secours mutuel sur l'air des cors, fanfares et formations musicales.
www.st-vincent-tournante.fr

## Février

*Percée du vin jaune (Jura)*
Organisée le premier week-end de février, le moment fatidique de la mise en perce du tonneau de vin jaune après six ans et trois mois minimum de vieillissement (sans ouillage) se déroule dans le Jura au son des fanfares. Un litre de vin ne donnera que 62 centilitres de vin jaune (contenance d'un « clavelin »).
www.jura-vins.com

## Avril à décembre

*Jazz dans les vignes (Côtes du Rhône)*
Créé dans les Côtes du Rhône au début des années 2000, ce festival rassemble des passionnés de jazz et des vignerons du Vaucluse (Cairanne, Villedieu, Sablet, Piolenc, Visan…).

Les concerts sont organisés dans les caves d'avril à décembre.
www.jazzdanslesvignes.com

## Mai

*Fête de la Saint-Urbain (Alsace)*
En Alsace, Saint-Urbain est fêté en tant que patron des vignerons. Le village de Kintzheim (Bas-Rhin) le célèbre le dernier samedi de mai. On chante alors une très ancienne supplique rappelant qu'il sauva, grâce à ses prières, les vignes des pillards lors des grandes invasions barbares. Cette supplique est chantée depuis le Moyen Âge par des groupes d'enfants :

« Saint Urbain, cher patron
Qu'allez-vous nous offrir
En cette sainte journée ?
Qu'il tombe un morceau du ciel,
Et le diable y laissera son col !
Arrêtez-le, arrêtez-le !
Si les raisins sont bien mûrs,
Nous boirons le meilleur des vins,
Si les raisins sont gelés,
Nous boirons le plus mauvais des vins,
Nous vous implorons, en cette sainte journée. »

*Le bon air est dans les caves (Fête du vin de Cahors)*
Cette fête, organisée depuis 1997 à Albas le samedi suivant l'Ascension, associe les vins de Cahors et la musique, notamment par la présence d'une quinzaine d'orchestres (chœurs basques, musique traditionnelle, jazz…).

*Fête de la vigne et du vin (Sud de la France)*
Cette fête, essentiellement présente dans le Sud de la France, est constituée d'une myriade d'animations qui se déroulent pour la plupart dans les caves. La musique est bien sûr toujours au rendez-vous.
www.fetedelavigneetduvin.com.

## Juin

*Procession des bouteilles à Boulbon (Vallée du Rhône)*
Début juin, le village de Boulbon (près d'Avignon) procède à la Procession des bouteilles. Vers 19 heures ce jour-là, les cloches se mettent à sonner à toute volée. Hommes et garçons suivent Monsieur le curé jusqu'à la chapelle Saint-Marcellin avec leur meilleure bouteille de vin. Après la messe, les bouteilles sont débouchées et le curé bénit le vin en chantant des prières. Puis, tous choquent les verres et boivent. Le vin restant servira à guérir les fièvres et maux d'estomac durant l'année. À l'occasion de cet hommage à saint Marcellin, guérisseur des fièvres, on entonne l'hymne du martyr en provençal, une bouteille à la main :

« Boulbonnais chantons un cantique
En l'honneur de saint Marcellin
Beau martyr de l'église antique
Et patron de l'eau et du vin

O Toi, dont les gestes sacrés
De l'onde ont changé la substance
Donne à nos pampres l'abondance
La pluie à nos champs altérés.

O beau saint par pitié regarde
Sur Boulbon et son territoire :
Tiens nos vignes toujours saines
Et toujours nous te fêterons. »

*Morgon en fanfares (Beaujolais)*
Depuis 2001, le premier week-end de juin, le village de Morgon dans le Beaujolais accueille le festival de musique de rue. Orchestres et fanfares rayonnent à travers rues et parcs du village, distillant une musique créative et contemporaine mêlant jazz, musiques traditionnelles, musiques improvisées, musiques du monde…

*Fête des guinguettes (Val de Marne)*
Cette fête des guinguettes, organisée à Joinville-le-Pont ou au Plessis-Robinson le troisième week-end de juin, propose un voyage dans les années 1900, au son des fanfares venues spécialement des quatre coins d'Europe. Bal musette et petit vin blanc sont évidemment au programme.

Musée de mœurs en actions, « C'est bien fait! Fallait pas qu'il y aille! » *d'après Philippe Jacques Linder (né vers 1835), par Regnier.*

## Juin à septembre

*Festival musical des grands crus de Bourgogne*
« Rencontres musicales de Noyers », « Musique en Chablisien », « De Bach à Bacchus », « Les grandes heures de Cluny », « Musique au Chambertin »... De Chablis à Cluny, une cinquantaine de concerts (classique, opéra, jazz...) sont organisés de juin à septembre au rythme d'un ou deux par week-end. Les musiciens viennent du monde entier participer à ces rencontres qui rassemblent près de 80 000 visiteurs.
Dans le même temps se tiennent une trentaine de manifestations œnologiques (visites de caves, découvertes du vignoble, dégustations...), une académie d'été internationale de musique et un stage d'œnologie.
www.bourgogne-tourisme.com

## Juillet

*Fête du vin à Bordeaux*
Quand les vignerons bordelais décidèrent, au début des années 2000, d'organiser une fête du vin à Bordeaux au début de l'été, ils envisagèrent d'emblée un programme très conséquent, alliant la tradition (défilés de confréries, courses de rouleurs de barriques, dégustations...) et la modernité. La musique occupe une place très importante durant cette fête. Des animations sur fond de variétés nationales et internationales attirent un public jeune. On trouve aussi du jazz, des soirées chansons, de la musique du monde et de la musique classique à travers des concerts de l'Orchestre national de Bordeaux Aquitaine.
www.bordeaux-fete-le-vin.com

VEVEY
1905

E. BIELER
NTES
FETE DES
VIGNERONS

Double page précédente :
Les Bacchantes *d'Ernest Biéler. Affiche de la fête des vignerons de Vevey en 1905.*

*Festival des Grands Crus Musicaux (Bordelais)*
Durant une semaine, à la fin du mois de juillet, les grands châteaux bordelais accueillent des concerts dans leur chai : c'est le Festival des Grands crus musicaux. En 2006 par exemple, ces concerts se sont déroulés aux château Giscours (Margaux), château Smith-Haut-Laffitte (Pessac Léognan) et Château Canon (Saint-Émilion).
www.grandscrusmusicaux.com

*Les Vignades (Provence)*
Fin juillet, la ville de Hyères organise les Vignades, une fête inaugurée par la Confrérie des Enchanteleurs en présence d'une vedette de la chanson, d'un humoriste ou d'un comédien.
L'origine de cette manifestation a un rapport avec la musique. En effet, en 1814, lorsque le comte de Provence remonta sur le trône sous le nom de Louis XVIII, une grande fête fut organisée aux Tuileries en présence des vignerons de Provence. À l'aide d'un chantepleur (entonnoir percé de trous faisant office de filtre), ils firent chanter le vin qui sortait du tonneau. Le roi, comblé, proclama les Provençaux « Enchanteleurs ».

## Juillet-août

*Musique dans les vignes (Côtes du Rhône)*
Le festival Musique dans les vignes a été créé dans les Côtes du Rhône au début des années quatre-vingt dix par le comédien Daniel Ceccaldi. Il rassemble des artistes classiques de grande qualité qui se produisent dans des villages viticoles, bien souvent en plein air.

*Chorégies d'Orange (Côtes du Rhône)*
Le vignoble des Côtes du Rhône accueille également les Chorégies d'Orange qui se déroulent chaque année au théâtre antique d'Orange. Le château de Malijay (Jonquières), à quelques kilomètres de là, accueille quelques concerts et élabore pour l'occasion une cuvée spéciale.
www.choregies.asso.fr

## Août

*Fête des vins de Vevey (Suisse)*
Début août, tous les 25 ans depuis 1647, la Confrérie des vignerons de Vevey, en Suisse, organise une fête grandiose qui dure une quinzaine de jours.

À l'origine, il s'agissait d'une parade à travers la ville en l'honneur de saint Urbain. Au XVIIIe siècle, la promenade à travers la ville s'étoffa par la présence de musiciens, de chanterelles (chanteuses), puis d'un enfant déguisé en Bacchus… Des récompenses furent remises aux meilleurs ouvriers (vignerons-tâcherons). Le spectacle naquit du souci de mettre en valeur la remise de récompense.

En 1815, François Grast composa la première partition complète qui donna une unité aux textes, encore disparates, écrits par des poètes amateurs. En 1889, la composition de la partition fut confiée à Hugo de Senger. La fête tentait déjà d'harmoniser la culture populaire et élitaire. Elle s'inspira tout à la fois des *Festspiel*, de l'opéra et des fêtes alpestres.

En 1905, une œuvre cohérente fut réalisée par le compositeur Gustave Doret (livret et peintures des frères René et Jean Morax), avec la naissance d'un véritable hymne à la terre dont le succès populaire marqua des générations de chanteurs.

En 1955, les organisateurs invitèrent une impressionnante palette d'artistes internationaux. Un petit air de Broadway souffla sur la grande place du marché de Vevey.

En 1977, Jean Ballissat composa une musique sur un livret de Henri Debluë. Cet auteur vaudois ramena la fête à ses origines, recréant le lien avec la tradition chrétienne.

Enfin, en 1999, dernière fête connue, les vignerons furent replacés au centre de la dramaturgie.
www.fetedesvignerons.ch

*Jazz in Marciac (Sud-Ouest)*
Jazz in Marciac est devenu l'un des plus grands festivals de jazz européens. Les musiciens les plus connus (Stan Getz, Oscar Peterson, Dee Dee Bridgewater, Lionel

*Oscar Peterson (1925-2007), pianiste et compositeur canadien de jazz, Londres, théâtre Mermaid, juillet 2005.*

Hampton, Keith Jarrett...) ont joué ici depuis 1977 tous les styles de jazz, du gospel, du blues...

Durant le festival, qui se déroule dans le village durant la première décade d'août (mais des concerts sont désormais programmés toute l'année), 300 vignerons coiffés de leur traditionnel béret et vêtus d'un tablier noir proposent leur cuvée spéciale de Côtes de Saint-Mont avec une contre-étiquette signée par l'un des musiciens de légende présents.
www.jazzinmarciac.com

*Les Cabardièses de Pennautier (Aude)*
Ce festival international de piano est organisé mi-août depuis l'année 2000 à Pennautier (près de Carcassonne, dans l'Aude), en plein cœur du vignoble.
www.lescabardieses.com

*Fête des amis de Brouilly (Beaujolais)*
À Saint-Lager (Rhône), fin août, on célèbre chaque année en musique la fête des amis de Brouilly. Cette fête remonte aux débuts des années vingt, lorsque les Poilus rescapés de la Grande Guerre avaient pris l'habitude de se retrouver en haut du mont Brouilly pour remercier la Vierge de les avoir sauvés. Ils improvisaient alors des chansons et passaient l'après-midi à rire et boire.

*Festival Musiques en Champagne*
Ces concerts sont organisés fin août par la Communauté de communes de la Grande Vallée de la Marne. Chaque concert est accompagné d'une animation (conférence, dégustation, visite...) permettant de découvrir le terroir.

*Festival Jazz sur Lie (vignoble nantais)*
Ce festival est organisé fin août durant trois jours dans le vignoble nantais par l'association Jazz et Muscadet.
www.jazzsurlie.com

## Un Muscadet vinifié et élevé sur scène !

Chaque année au Lieu Unique à Nantes (une ancienne fabrique Lu qui programme des spectacles de théâtre, de musique, de danse...), le public participe à l'élaboration d'une « Cuvée unique de Muscadet ». Chaque étape est prétexte à une fête et un concert. Les cuves sont placées au premier étage du lieu. Le vin est régulièrement dégusté par le public qui participe notamment à l'assemblage. L'aboutissement est la séance d'embouteillage, en présence de plusieurs centaines de personnes. On chante des chansons à boire et à texte, des musiciens jouent même en harmonie avec les bruits de la chaîne d'embouteillage !

## Quand la musique sert à promouvoir le vin

Il n'est pas rare que des campagnes de publicité pour le vin fassent appel à l'univers de la musique. Ainsi, durant les années quatre-vingt-dix, Châteauneuf-du-Pape invoqua la « symphonie des treize cépages » avec l'image d'un verre et d'un violon pour exprimer la complexité aromatique de ce cru des Côtes du Rhône. La campagne « Bourgogne éternelle » (1994) représentait un fût, des grappes de raisin, une bouteille, un taste-vin, un violon, une partition et un compositeur pour illustrer l'éternité de la musique et du vin de Bourgogne. Le château de Cantin (Saint-Émilion Grand Cru) afficha une bouteille de vin associée à un violon, tout comme Mouton Cadet (Haut-Médoc) utilisa le visuel d'un violon pour faire valoir ses qualités. Le négociant bordelais Bernard Magrez (château Pape Clément) n'hésita pas à se proclamer « compositeur de vins rares » et à se faire photographier accoudé à un tonneau dont le haut relevé faisait penser à un piano.

Par ailleurs, quelques étiquettes de vin firent référence à la musique comme celles du Cellier des Samsons, dans le Beaujolais, qui représenta des instruments anciens, des cuivres, un banjo sur quelques-unes de ses cuvées.

Dans une publicité, la Maison Piper Heidsieck rapprocha les différentes étapes de l'élaboration d'un Champagne et la composition d'une œuvre musicale. Le texte est évocateur : « La musique des mots. Si les mots vous manquent pour parler des Champagne, fermez les yeux et écoutez ce que dit la musique. Comme elle, les Champagne se dégustent : de l'attaque au final, il y a une montée, une envolée des arômes cette fois, un moment où tout prend de l'ampleur, suivi de quelques notes vives, *allegro-vivace*, une sensation de grâce, un tempo soutenu, complexe, monumental, puis la légèreté revient et s'éteint doucement : c'est du Mozart, une aria pétillante, effervescente, légère. Il y a un désir de fête évident. Le mouvement des bulles, comme un mouvement musical, revient plusieurs fois dans la flûte. Les Champagne sont des vins qui chantent : les petites bulles viennent éclater à la surface, puis la cadence change, ralentit, du *fortissimo* au *piano*, de l'*allegretto* à l'*adagietto* ».

Enfin, comment ne pas faire référence au panneau placé à l'entrée du village de Sainte-Cécile-les-Vignes, dans les Côtes du Rhône, représentant un violon dont les cordes sont des rangs de vignes et qui proclame « Harmonie d'un terroir » !

L'évocation du village de Sainte-Cécile donne l'occasion de rappeler l'histoire de la patronne des musiciens. Fêtée le 22 novembre, elle était issue d'une famille de la noblesse romaine. Elle fit le vœu de chasteté en devenant chrétienne. Obligée de se marier avec un païen, Valérien, Cécile réussit à le convertir à l'aide d'un ange. Lors de la cérémonie de mariage, elle ne voulut pas, par dépit, entendre la musique de l'orgue tandis qu'elle priait pour conserver sa virginité. Elle finit martyrisée vers l'an 200. Sa réputation de musicienne naquit à la fin du Moyen Âge à la suite d'une mauvaise interprétation de l'orgue représenté auprès d'elle.

*Fête des vignerons d'Éguisheim (Alsace)*
Berceau du vignoble alsacien, la fête des vignerons d'Éguisheim propose de nombreuses animations musicales (bal musette, groupes musicaux…).
En 2005, un Festival des saveurs musicales fut organisé avec de jeunes talents. Une recherche sur les correspondances entre les sept cépages d'Alsace et les sept notes de la gamme fut imaginée, de même que des rapports entre les cépages et les instruments.

## Septembre

*Vendanges à l'ancienne (Jura et Côtes du Rhône)*
Les vendanges à l'ancienne organisées à Arbois, dans le Jura, débutent au son d'un orgue de barbarie. Durant cette fête très ancienne qui remonte au milieu du XVII^e^ siècle, quatre vignerons précédés d'un « violoneux » et suivis d'un long cortège, traversent la ville jusqu'à l'église en portant le biou, cette énorme grappe de raisins rappelant celle de Canaan dans l'Ancien Testament.
www.arbois.com

Dans les Côtes du Rhône, le petit village vigneron de Chusclan (Gard), propose également depuis plusieurs années des vendanges à l'ancienne où l'on peut entendre des instruments traditionnels (orgue de barbarie, accordéon…).

*Jazz à Beaune (Bourgogne)*
Ce Festival Jazz et Grands vins de Bourgogne est organisé en septembre depuis quelques années par des passionnés de jazz et de vin. « Sur une phrase, la musique peut enthousiasmer comme un vin sait le faire sur une note aromatique, une texture » expliquent les créateurs de cette rencontre. Des dégustations et des cours d'initiation ont lieu avant les concerts. On trouve même une « Master class du vin ».
www.jazzabeaunefestival.com

*Musique au Chambertin (Bourgogne)*
Tous les types de musique (chansons françaises, jazz, opéra, concerts classiques, musique d'Europe centrale…) sont présentés dans le cadre de ce festival qui se déroule durant trois week-ends de septembre. Les concerts sont suivis de dégustations.
www.ot-gevreychambertin.fr

*Festival de Jazz à Montlouis-sur-Loire (Touraine)*
Créé en 1987, ce festival de jazz se déroule en septembre et s'appuie sur les vins de Touraine.
www.jazzentouraine.com

## Octobre

*Millésime (Grenoble)*
La ville de Grenoble propose à la fin du mois d'octobre « Millésime », un festival œnologique et musical. La partie œnologique comprend des ateliers de dégustation, des séances d'initiation, des expositions, des animations…
Quant au festival musical, il s'agit d'une balade dans l'histoire de la musique avec la mise à l'honneur de compositeurs, des matinées avec des écoles de musique, des chansons, de la musique de chambre, des concerts de jazz…
www.lemillesime.fr

*Cuvée Charles Trenet en A.O.C. Crozes Hermitage.*

Bacchanale à la joueuse de guitare dit la Grande Bacchanale *par Nicolas Poussin (1594-1665).*

## Les rave parties, réminiscence des anciennes Dionysies

Organisées dans l'Antiquité pour festoyer et se libérer du quotidien en levant les interdits, les Dionysies ne sont pas si éloignées des fêtes de musique techno (*rave party*) organisées en ce début de troisième millénaire.
De par leurs performances musicales bruyantes et rythmées, elles provoquent un état proche de la transe, transgressant (de façon officielle ou pas) le code de conduite sociale. Rupture dans le déroulement du quotidien, libération des pulsions réprimées par la société, communion de groupes, expérience collective, état second… sont des effets engendrés par ces deux types de fête.
Mais le vin de l'Antiquité est, malheureusement aujourd'hui, bien souvent remplacé par des alcools forts, voire des drogues. Il existe en effet un parallèle évident entre l'utilisation du vin chez les Grecs antiques et celle des drogues aujourd'hui dans le mouvement techno. L'utilisation du vin enivrait l'adepte, le coupant de son état habituel, de sa façon d'être normal, tout comme les drogues d'aujourd'hui modifient l'état psychique de l'individu.
Les Dionysies ne sont plus, les fêtes techno disparaîtront peut-être, mais le désir de festoyer, le besoin de s'échapper du quotidien demeureront toujours, quelle que soit la culture ou l'époque.

# Vin et musique dans la Chine d'hier et d'aujourd'hui

Créé en 1984 et retransmis en direct par la télévision centrale de Chine auprès d'un milliard de téléspectateurs, le Concours des jeunes chanteurs compte quarante jours de compétition.

Assez récente, l'épreuve de chant traditionnel permet à des chanteurs venant de régions reculées et souvent issus de minorités ethniques de participer. C'est désormais l'une des épreuves les plus plébiscitées du public. En 2006, deux frères de l'ethnie des Qiang, venant de la région d'Alba (province du Sichuan), au centre de la Chine, interprétèrent une chanson sur le vin. Ils montèrent sur scène en tenant un pichet. Après avoir bu un coup, ils commencèrent à chanter, un peu saouls. Le jury et le public furent conquis par cette interprétation authentique.

Cette mise en scène rappelle que la vigne est présente en Chine depuis des millénaires, des références à des rites religieux utilisant le vin ayant été trouvées sur des os divinatoires de l'époque Chang et Chou. Marco Polo par exemple, but d'excellents vins du Shanxi.

De tous temps, les Chinois procédèrent à des cérémonies, comme la Fête du printemps célébrant la nouvelle année, durant laquelle on buvait du vin épicé en écoutant des orchestres de cithares à 25 cordes, d'harmonica en bambou…

Selon Confucius, les sons harmonieux qui élevaient l'âme étaient aussi importants que la nourriture pour le corps. Les lettrés chinois appréciaient également cet accord entre le vin et la musique comme les « Sept sages de la Forêt de Bambous » qui vécurent au milieu du IIIe siècle. D'après le récit de leur histoire réalisé un siècle plus tard (ils devinrent célèbres au IVe siècle en littérature mais aussi en peinture), les sept amis se réunissaient dans la forêt de bambous où ils buvaient ensemble, jouant de la musique et prenant part à des causeries. L'un d'eux, Ruan Xian, merveilleux musicien et fervent amateur de vin, passe pour avoir inventé une espèce de banjo qui porte son nom.

Divinités gardiennes, *peinture sur soie, (dynastie Yi ou Choson).*

Double page suivante :
Les Noces de Cana *par Paolo Caliari Véronèse (1528-1588).*

# Le vin dans les chansons

Double page précédente : Concert.
En médaillon : *Joueur de musette d'après François Boucher (1703-1770), Blondeau.*

Page de gauche : Salle à manger de l'Empereur : Anacréon *par Piat Joseph Sauvage (1744-1818).*

Le prophète David *par Léonard Limosin (vers 1505-1575).*

**Le poète grec Anacréon écrivit de très belles chansons sur le vin. Mais c'est dans l'Ancien Testament qu'il faut chercher les plus anciens chants évoquant les qualités de la vigne et du vin.**

# Le vin dans la chanson des origines

Le vin et les chansons sont depuis fort longtemps intimement liés : la chanson engendre le vin lorsqu'elle accompagne les vendanges ou le travail de la cave ; le vin fait naître la chanson lorsqu'il inspire (parfois sans modération…) son auteur. Avant la mise au point de la notation musicale, on ne peut se faire qu'une idée approximative de la musique qui accompagnait les paroles. Elles n'en paraissent que plus actuelles aujourd'hui car le texte, lui, ne vieillit pas, contrairement à la mélodie.
Plus de 500 ans avant Jésus-Christ, muni de sa lyre, le poète grec Anacréon louait le vin à travers des odes et des chansons. Il se disait inspiré par Dionysos, mais sans excès : « Dix mesures d'eau pour cinq de vin, voilà le bon mélange ». Il nous laisse des chansons suggérant les plaisirs du vin et de la musique :
« J'ai déjeuné en détachant
Un petit morceau d'un fin pain d'épices au miel,
Mais j'ai vidé une jarre de vin.
Et maintenant tendrement
Je fais vibrer ma lyre amoureuse
Pour chanter ma jeune et tendre bien-aimée ».
« Allons, reviens, assez comme ça :
Assez de fracas et d'absence de conversation,
Assez de beuverie à la Scythe avec notre vin,
Buvons plutôt modérément en chantant de belles chansons pour les dieux. »

La Bible est une autre source très intéressante de chants faisant référence à la vigne et au vin.
L'Ancien Testament n'est-il pas en totalité une immense partition chantée ? Des signes musicaux sont en effet

inscrits de part et d'autre du texte hébreu : à force d'hypothèses et de déductions, des chercheurs ont même en partie réussi à découvrir leur signification.

On trouve ainsi un *Chant de la vigne* dans Isaïe (V, 1-2) qui est un modèle d'allégorie car la vigne du Seigneur représente la maison d'Israël et les gens de Juda, le plant qu'il chérissait. Il en attendait le droit et la justice, il n'eut que l'injustice et les cris des malheureux :

« Que je chante pour mon ami,
Le chant du bien-aimé et de sa vigne :
Mon bien-aimé avait une vigne
Sur un coteau plantureux.
Il y retourna la terre, enleva les pierres,
Et installa un plant de choix.
Au milieu, il bâtit une tour
Et il creusa aussi un pressoir.
Il en attendait de beaux raisins,
Il n'en eut que de mauvais. »

Les psaumes étaient destinés à être chantés avec un accompagnement d'instruments à cordes : le psalmiste priait Dieu au nom du peuple. Sous le règne de David, avant la construction du Temple, ils étaient exécutés par plusieurs centaines de chanteurs instrumentistes (harpes, lyres, cymbales), soutenus dans certains cas par plus de cent trompettes. Vingt-quatre chefs de chant enseignaient sans relâche la musique aux quelques quatre mille aspirants-chantres.

Dans le *Livre des Psaumes*, soixante-quinze prières vouées à être psalmodiées durant les cérémonies religieuses sont attribuées au roi David lui-même. Le poète Clément Marot, encouragé par François 1er, les adapta en français et, durant des siècles, poètes et musiciens multiplièrent les versions de ces hymnes. Certains font clairement référence à la vigne et au vin :

« Tu as fait voir de durs moments à ton peuple,
Tu nous as fait boire un vin qui saoule »
(Psaume 60, verset 5).

« Le Seigneur tient en main une coupe,
Il verse un vin âpre et fermenté :
Ils le boiront, ils en laperont même la lie,
Tous les impies de la terre »
(Psaume 75, verset 9).

« Le vin réjouit le cœur des humains
En faisant briller les visages plus que l'huile.
Le pain réconforte le cœur des humains »
(Psaume 104, verset 15).

L'enfant prodigue chez les courtisanes dit aussi Allégorie des cinq sens.

Scène du livre de Job,
Le Jugement dernier.

Dans le *Cantique des cantiques*, magnifique poème d'amour à voix alternée attribué à Salomon lui-même, les références au vin sont nombreuses. Bien souvent, dans ce texte très énigmatique, le sens pastoral et champêtre des mots cache, en résonance, un sens amoureux. Dans certains versets, les métaphores nourricières sont mêlées au symbolisme le plus sexuel :
« Le figuier mûrit son fruit vert
Et les ceps en bouton donnent leur senteur » (II,13).

Dans les vers suivants, la mère envoie ses fils à la poursuite du jeune homme (« les renards ») qu'elle accuse de nuire à sa fille (« notre vigne ») :
« Saisissez-nous les renards,
Les petits renards
Qui ravagent les vignes,
Alors que notre vigne est en bouton » (II,15).

On trouve aussi le rêve d'une jeune fille :
« Je viens à mon jardin, ma sœur, ô fiancée ;
Je récolte ma myrrhe avec mon baume ;
Je mange mon rayon avec mon miel ;
Je bois mon vin avec mon lait ! »
Chœur
Mangez, compagnons ;
Buvez, enivrez-vous, chéris ! »

La Bible ne fait pas toujours l'apologie du vin. Dans plusieurs passages du Livre des Juges et des Livres de Samuel, mais surtout dans Le Lévitique, sa consommation est déconseillée. Ainsi, parmi les règles relatives aux boissons alcooliques, Yahvé ordonne à Aaron :
« Toi et tes fils, ne buvez ni vin ni alcool quand vous devez aller à la tente de la rencontre ; ainsi vous ne mourrez pas. C'est une loi immuable pour vous, d'âge en âge. C'est pour être à même de distinguer le sacré du profane, ce qui est impur de ce qui est pur ». (Lévitique, X, 8-10).

## L'organisation de la Bible hébraïque

Au moins depuis le IIe siècle avant Jésus-Christ, la Bible hébraïque comprend trois parties distinctes et une quatrième non reconnue (apocryphe).

1- Le Pentateuque compte cinq livres : La Genèse, L'Exode, Le Lévitique, Les Nombres, Le Deutéronome.
2- Les Livres Prophétiques sont au nombre de deux :
Les Prophètes Premiers (Le Livre de Josué, Le Livre des Juges, Premier Livre de Samuel, Deuxième Livre de Samuel, Premier Livre des Rois, Deuxième Livre des Rois).
Les Prophètes Derniers (Esaïe, Jérémie, Ézéchiel, Osée, Joël , Amos, Abdias, Jonas, Michée, Nahoum, Habaquq, Sophonie, Aggée, Zacharie, Malachie).
3- Les Autres Écrits est un ensemble plus hétérogène qui regroupe des textes liturgiques, narratifs, poétiques et de sagesse (Les Psaumes, Le Livre de Job, Les Proverbes, Le Livre de Ruth, Le Cantique des Cantique, Qohéleth (ou l'Ecclésiaste), Les Lamentations, Le Livre d'Esther, Daniel, Le Livre d'Esdras, Le Livre de Néhémie, Premier Livre des Chroniques, Deuxième Livre des Chroniques).
4- Les Livres Deuterocanoniques (ou apocryphes) :
Le Livre d'Esther (grec), Le Livre de Judith, Le Livre de Tobie, Premier Livre des Maccabées, Deuxième Livre des Maccabées, Le Livre de la Sagesse, Le Livre du Siracide, Le Livre de Baruch, La Lettre de Jérémie).

*Les extraits des passages de la Bible sont issus d'une traduction œcuménique publiée par le Livre de Poche en 1985 (traduction de la Société biblique française et Éditions du Cerf, Paris, AT : 1975).*

**Les premières chansons à boire datent du XI^e siècle. Elles furent écrites par des religieux en rupture de ban avec le clergé, les Goliards, poètes vagabonds qui menaient une existence marginale faite de beuveries, de ripailles et de jeux.**

# Vinum bonum et suave

Le recueil des *Cambridge Songs* (chansons de Cambridge) contient, certes, des chants sacrés et des litanies pour les grandes fêtes religieuses, mais aussi... des chansons à boire ! Le plus étonnant est que ce manuscrit date du XI^e siècle. Il pourrait être la copie anglaise du livre de chants d'un Goliard originaire de la vallée du Rhin.

Car les grands spécialistes de la chanson à boire au Moyen Âge étaient en effet les Goliards, ces poètes vagabonds érudits en rupture de ban avec le clergé, qui vivaient une existence marginale faite de beuveries, de ripailles, de jeux, d'oisiveté, voire de prostitution. Ils écrivaient en latin, la langue internationale des clercs, en vieux français ou en allemand. Ils allaient même jusqu'à

La Nef des fous *par Hieronymus Van Aeken, dit Jérôme Bosch (vers 1450-1516).*

Fête dans une auberge
*par Jan Havicksz Steen (1626-1679).*

parodier des chants religieux, tel ce cantique à la gloire de la Vierge *Verbum bonum et suave* qui se transforme en :
*Vinum bonum et suave*
*Bonis bonum, pravis, prave,*
*Cunctis dulcis sopor, ave,*
*Mundana laetitia*
(« Salut, bon vin, bon aux bons,
Mauvais aux mauvais,
Doux sommeil à tous ;
Salut, joie du monde »).

On peut aussi citer cette chanson, véritable appel universel à boire !
*Bibit hera, bibit herus ;*
*Bibit miles, bibit clerus ;*
*Bibit ille, bibit illa ;*
*Bibit servus cum ancilla ;*
*Bibit velox, bibit piger ,*
*Bibit albus, bibit niger ;*
*Bibit constans, bibit vagus ;*
*Bibit rudis, bibit magus.*
(« La maîtresse boit, le maître boit ;
Boit le soldat et boit le clerc,
Boit celui-ci, boit celle-là,
Boit le serf avec la servante,
Boit le leste et le paresseux,
Boit le Blanc comme aussi le Noir
Boit le constant et l'inconstant,
Boit l'ignorant, boit le savant »).

Dans sa *Confession*, l'évêque Golias qui n'était autre que Walter Map, archidiacre d'Oxford au XII^e^ siècle, se rappelle « la taverne qu'il n'a jamais reniée, et qu'il ne reniera pas tant que les anges n'auront pas chanté son requiem » avant de clamer :
*Meum est propositum in taverna mori :*
*Vinum sit appositum morientis ori,*
*Ut dicant cum venerint angelorum chori,*
*Deus sit propitius huic potatori !*
(« Je veux mourir au cabaret ;
Qu'on approche le vin de ma bouche mourante,
Afin que les anges en arrivant chantent en chœur :
Dieu soit propice au buveur ! »).

## Fantastiques Carmina burana

L'autre source très connue de chansons à boire est le manuscrit allemand découvert en 1803 dans l'abbaye bénédictine de Benediktbeuren, en Bavière. Les chants de Beuren, qu'un bibliothécaire de la cour de Munich surnomma *Carmina Burana*, remontent au XI^e siècle.
Ces deux cents chansons principalement latines proviennent de toute l'Europe : Espagne, France, Écosse, Suisse, Allemagne… Les auteurs sont pour la plupart anonymes. Ces chants relèvent d'une esthétique profane et constituent de véritables satires, critiquant parfois leur époque avec violence. On y attaque les abus de l'État et de l'Église, le pouvoir, l'argent, la corruption, on y parodie la liturgie. La notation mélodique (neumes) est portée en regard de certains poèmes sans aucune ligne de portée, ce qui rend leur interprétation très aléatoire.
Dans ces chansons, le vin campe un décor contrastant avec la dignité des saints et alimente l'image d'une Église corrompue. On trouve par exemple un hymne à Bacchus *Bacche Bene Venies* très expressif :

« Bacchus soit le bienvenu, cher et élu
Par qui notre âme est rendue joyeuse.
Un tel vin, ce bon vin, ce vin généreux
Rend l'homme sain, brave et audacieux.
Voici les vases royaux dont Jérusalem fut dépouillée
Et dont la royale Babylone s'enrichit.
Quand le fort Bacchus a vaincu les hommes
Il excite leurs âmes pour l'amour
Comme Bacchus visite souvent la gent féminine
Il la fait soumise à toi, ô Vénus
En pénétrant les veines d'un liquide brûlant
Bacchus les fait flamber aux ardeurs de Vénus
Doux Bacchus, il apaise nos soucis et douleur
Il apporte la joie, la gaieté, le rire et l'amour.
Bacchus a l'habitude d'amadouer l'esprit de la femme
Il la fait consentir plus vite à l'homme
Celle dont on ne peut exiger le coït
Bacchus sait la vaincre facilement.
Le divin Bacchus, en grisant l'homme joyeux
Le rend tout aussi savant que loquace
Bacchus, dieu lumineux, nous tous qui sommes ici
Nous réjouissons en buvant tes bienfaits
Nous te chantons tous pour cette beuverie
Vantant tes mérites pour toujours. »

*In taverna quando sumus* fait également parti du répertoire des *Carmina Burana* :

« Quand nous sommes dans la taverne,
Que nous importe de n'être que poussière,
Nous nous adonnons aux jeux auxquels nous aspirons toujours.
(…) Six cents pièces filent vite
Quand tous boivent sans mesure,
Même s'ils boivent l'esprit gai.
Ainsi les gens nous critiquent
Mais nous continuerons :
Ceux qui critiquent iront au diable
Et ne seront pas comptés parmi les justes. »

Par l'intermédiaire d'un bouquiniste de Würtzbourg, le Bavarois Carl Orff découvrit en 1934 le recueil des *Carmina Burana*. Profondément touché par le « rythme entraînant et le caractère imagé de ces poèmes, et tout autant par la musicalité riche en voyelles et la concision unique de la langue latine », il décida de les mettre en musique.
Sa « cantate scénique » fut un succès dès la première représentation, le 8 juin 1937 à l'opéra de Francfort. Très fier de son œuvre, Carl Orff écrivit à son éditeur « Vous pouvez mettre au pilon tout ce que j'ai écrit jusqu'à présent et que vous avez malheureusement imprimé. Mes œuvres complètes commencent avec Carmina Burana ».
Cette œuvre en trois parties est encadrée par un prologue (*Fortuna*, qui évoque la roue du destin qui tantôt élève, tantôt abaisse). Elle s'adapte aussi bien au concert qu'à la scène car l'action mimée est facultative. Les mélodies sont totalement originales car Carl Orff n'avait à sa disposition aucune indication musicale.
Leur impression de puissance vient de l'effet implacable, mécanique et obsédant des voix. La première partie (*Primo vere*) évoque le retour du printemps et du soleil qui incite à des jeux amoureux. La seconde (*In taverna*) fait intervenir le chanteur, un baryton qui réfléchit sur son destin. On y trouve une évocation de la nostalgie du cygne rôti, des défauts de l'homme… Puis la gaieté revient grâce au chœur qui conjugue inlassablement le verbe boire !
Enfin, la troisième partie (*Cour d'amour*) incite l'Homme à profiter des bienfaits terrestres.
Les effets de percussions, de timbres et de répétitions, l'ampleur des chœurs, les tournures grégoriennes, la danse populaire allemande et les joyeuses mélodies chorales firent le succès de cette œuvre jouée partout dans le monde.
L'Allemagne nazie s'appropria même cette musique dynamique et en apparence « barbare » alors que Carl Orff avait seulement voulu exprimer les aspirations des peuples d'Europe à revenir à leurs racines.

Ballet royal de la nuit : Bacchus, *XVII^e siècle*.

## Chants à la gloire du vin chez les poètes arabes, persans et turcs

La condamnation rigoureuse du vin et de l'alcool n'empêcha pas le développement d'une brillante poésie bachique en terre musulmane. Pratiquée par les poètes arabes, persans et turcs, elle se développa à partir du VII^e siècle sous la dynastie des Omeyyade, puis des Abassides jusqu'au XIII^e siècle avant de se poursuivre sous le règne des Ottomans.

Il faut dire que la vigne possède une origine très ancienne qui remonte bien avant l'Islam.
Elle poussait en effet sur les hauteurs de Ta'if, au sud de la Mecque. On y élaborait du vin et on en importait de Syrie. Lors des grandes fêtes, les marchands installaient de vastes tentes, véritables tavernes ambulantes reconnaissables à leur enseigne et servaient à boire les meilleurs vins… ou les pires ! Le poète noir Antar précise d'ailleurs que les bons vins coûtaient chers.

La religion musulmane marqua bien sûr la fin de la viticulture de cuve. Mais le Coran promet aux justes du Paradis qu'il leur « sera donné à boire un vin parfumé et scellé ». Amr ibn Kultum (VI^e siècle de notre ère) chante par exemple en ouverture : « Éveille-toi pour nous verser de ta coupe généreuse ces vins venus d'El-Andarin (aujourd'hui en Syrie). Des vins couleur d'or qui nous rendent prodigues scintillent quand l'eau s'y mêle, et dont le goût dissipe chez ceux qui le boivent chagrins et soucis ».
Omar Khayyâm (fin du XI^e siècle), mathématicien et poète persan, vante à un jeune homme les mérites du vin, des chansons et de l'amour dans ses Roubaïates (XII) :
« Renonce,
renonce à tout dans ce monde :
fortune, pouvoir, honneurs.
Écarte tes pas de tout chemin
Qui ne te conduira pas à la taverne.
Ne demande rien, rien ne désire
Hormis du vin, des chansons,
De la musique, de l'amour ! »
(…) Bois du vin doré !
Il est pour l'esprit le seul repos,
Baume incomparable pour le cœur blessé. »

Ibn Arabi, né en 1165 en Andalousie et mort en 1240 à Damas, connu comme le plus grand des soufis, note ainsi dans Le Chant de l'ardent désir :
« Délecte-toi du vin que voilée elle te verse,
Et jouis du chant résonnant dans le lointain. Ce vin remonte à Adam,
Il témoigne véritablement du paradis. »

Enfin, le mystique égyptien Omar ibn al-Farid, poète soufi du XIII^e siècle, écrit dans son poème « Khamriyya » qui signifie « Éloge du vin » :
« Il est à toi dans les tavernes.
Découvre sa splendeur.
Prends-le au son des musiques ;
Car, avec lui,
La musique est comme un butin qui s'offre. »

**À partir de 1220 et pendant plus de cent ans, la France fut le centre mondial de l'éducation et de la culture. De cette brillante période subsistent de très belles chansons sur la vigne et le vin.**

# BON VIN, JE NE PUIS TE LAISSER

Dans un manuscrit compilé à Notre-Dame-de-Paris, un conduit monodique anonyme en latin (*In paupertatis predio*) décrit l'humble labeur de saint François d'Assise et l'amour avec lequel il cultivait la vigne et les figues, ces dernières reflétant son dévouement envers les « esprits défaillants » :

« Dans sa pauvre ferme,
François plante des vignes.
Les épines reculent
Devant les figuiers et les lis.
Pur de cœur
Il guérit des vices… »

Les jeunes piaillent comme chantent les vieux *par Jacob Jordaens (1593-1678).*

Les trois musiciens *par Don Diego Rodriguez da Silva y Velasquez (1599-1660).*

Page de droite : Le vin est un moqueur *par Frans Van Mieris, le Vieux (1635-1681).*

La *Chançonette*, un motet datant des débuts de la musique polyphonique (XIII^e siècle) qui figure dans les manuscrits de Montpellier et de Bamberg, est un autre exemple de chanson évoquant le vin. On y parle de la vie à la cour, de l'amour contrarié, des chapons gras, du jeu de jacquet… et des mérites comparés des vins français et rhénans : « Je veux m'assurer que les vins de France surpassent ceux du Rhin. »
Le *Roman de Fauvel*, cette œuvre virulente datant de 1316 et critiquant la cour de Philippe le Bel, comprend un chant à trois voix sur le vin *Bon vin doit* écrit en français :
« Bon vin doit l'en a li tirer
Et li mauves en sus bouter
Puis doivent compagnons chanter
Ei chans veult boire. »

Mais c'est au XV^e siècle que furent composées les plus belles chansons sur le vin, souvent par les musiciens franco-flamands accueillis à la cour des ducs de Bourgogne.
Le Picard Guillaume Dufay par exemple exprime sa nostalgie de quitter son pays pour l'Italie dans une chanson écrite en 1426 et intitulée *Adieu ces bons vins de Lannoys*. On ne sait s'il s'agit du Lannois (région de Laon) où a existé un vignoble important ou de la petite ville de Lannoy (près de Lille) où la vigne persista jusqu'au XV^e :
« Adieu ces bons vins de Lannoys,
Adieu dames, adieu borgois.
Adieu celle que tant amoye.
Adieu toute playsante joye,
Adieu tous compaignons galois. »

Loyset Compère séjourna à la cour des ducs de Bourgogne probablement à la fin des années 1460 avant de se rendre en Italie, puis à la cour du Roi de France. Il est l'auteur d'un délicat motet *Sile fragor* qui manifeste une certaine « fatigue » à la suite de grands festins :
« Silence, tumulte du monde, laisse-nous chanter et comparer nos mélodies. (…) Il convient à présent d'aller vers la fontaine où trône Bacchus lui-même : que l'eau fasse place aux ruisseaux de vin. »

Il est également l'auteur d'une parodie de musique religieuse : « Nous sommes de l'ordre de Saint Babouyn », une société de buveurs dont l'existence est attestée sous le règne de Charles VI. Babouyn a le sens de « sot » :
« L'ordre ne dit mye de lever matin (l'ordre ne dit pas de se lever tôt)
Dormir jusqu'à prime (mais de dormir jusqu'à prime)
Et boire bon vin
Et din din din…
Et dire matines sur un pot de vin… »

Le poète originaire de Cahors, Clément Marot, fit appel à la mythologie pour vanter les mérites de la taille dans sa *Chanson XXXII* :
« (…) Le Dieu Vulcain, forgeron des haults Dieux,
Forgea aux Cieux la Serpe bien taillante,
De fin acier trempé en bon vin vieux,
Pour tailler mieux, et être plus vaillante ;
Bacchus la vante, et dit qu'elle est séante,
Et convenante à Noé, le bon hom,
Pour en tailler la Vigne en la saison. »

On trouve dans le *Manuscrit de Bayeux*, un recueil d'une centaines de chansons populaires du XV^e siècle conservé à la Bibliothèque nationale de France, quelques chansons sur le vin. Ce manuscrit, considéré comme le premier témoignage de la chanson populaire française dans les anthologies musicales, évoque aussi bien les maris trompés que les ruses de femmes, ou encore les souffrances liées à la guerre. La Chanson XV *Bevons ma commère* raconte par exemple l'histoire de trois dames qui s'étaient promis de ne pas boire et qui se laissent finalement aller !

A° 1664
F van Mieri

Recueil de ballades, de motets et de chansons
*par Cordier Baude, XVe siècle.*

« Bevons, ma commere, nous ne bevons point.
Se dirent les dames: “Vecy bien à point;
Faisons bonne chere, ne nous faignons point.
Bevons, ma commere, nous ne bevons point. »

La Chanson XLIII « Bon vin je ne te puis laisser » est une chanson d'amour au vin :
« Bon vin je ne puis te laisser,
Je t'ay m'amour donnée,
Anne Hauvoy !
Je t'ay m'amour donnée.
Souvent m'as faict la soif passer. »

Dans les refrains, l'auteur s'amusa à utiliser, pour leur effet comique, des onomatopées habituellement clamées pour émoustiller les bêtes de trait (Anne Hauvoy ! Et Hoÿe ! à prononcer « éoueille »).

La mélodie de la Chanson XI *Tenez ces fols en Joÿe* rappelle le premier ton grégorien (*ré-la, la-do*…). Mais c'est certainement la chanson d'un clerc assoiffé qui passait son temps dans les tavernes ! À noter qu'il est aussi question d'une oie (oÿe ! À prononcer « éoueille ») en train de rôtir sous le regard envieux du clerc :

« Be, je m'en entray chieux mon voisin,
Où nous rotissait l'oye.
Auprès du feu, pour boire vin,
Emprès la lechefroye.
Be, je mouilloys mes doigts dedans,
Et puis je les lechoye. »

## Point n'est meilleure médecine que le vin

Composés au XVe siècle, en pleine rivalité franco-anglaise, les « vauxdevire » d'Olivier Basselin font du Normand le véritable père de la chanson à boire. Ainsi, la chanson *Tout à l'entour de nos remparts* lance un appel cocasse à « sauver les tonneaux » :
« Tout à l'entour de nos remparts,
Nos ennemis sont en furie :
Sauvez nos tonneaux, je vous prie !
Prenez plus tost de nous, soudars,
Tout ce dont vous aurez envie :
Sauvez nos tonneaux, je vous prie. »

Bien avant Pasteur, Olivier Basselin vanta les vertus médicinales du vin dans sa remarquable chanson « Point n'est meilleure médecine que le vin » :
« Je ne trouve en ma médecine
Simple qui soit plus excellent
Que la noble plante de vigne
D'où le bon vin clairet provient.
Il n'y a chez l'apothicaire
De drogue que je prise mieux
Que ce bon vin qui me fait faire
Le sang bon et l'esprit joyeux.
Qu'on ne m'apporte point de casse
Et qu'on ne coure au médecin
De Vin qu'on remplisse ma tasse
Qui me voudra rendre bien sain
En mon récipe qu'on ordonne
Que je boirai vin d'Orléans
La recette me sera bonne ;
Les médecins, honnestes gens.
Je ne veux ni laict ni fruitage
De ce, je ne suis point friand ;
Mais je rendrais mon héritage
Pour avoir de ce vin riant.
Oh ! que c'est dure departie

Portrait présumé d'Ambroise Paré, chirurgien (1509-1590)
*à la manière de Pierre Lagneau, XVII^e siècle.*

De la bouche et de ce bon vin !
À tous ceux-là je porte envie
Qui ont encor le verre plein. »

La France ne fut bien sûr pas le seul pays où des musiciens composèrent des chansons à la gloire du vin. L'Espagnol Juan Ponce est ainsi l'auteur d'un *Ave color vini clari*, écrit vers 1495 à partir d'une chanson populaire. Son ton respectueux fait presque penser à une pièce sacrée :
« Ave, couleur du vin clair, saveur sans pareille, veuille nous enivrer.
Qu'elle soit sans crainte la table où il y a du vin.
Heureux le ventre qui t'absorbe, heureux le gosier que tu mouilles,
heureuse la bouche que tu laves.
Louons le vin, exaltons les buveurs.
Confondons les non-buveurs pour l'éternité. Amen. »

## Quand je bois du vin clairet

Le XVI^e siècle fut également très profitable aux chansons à la gloire de la vigne et du vin.
L'imprimeur parisien Pierre Attaignant en publia beaucoup comme la chanson anonyme à quatre voix *Blanc et clairet* (X^e livre, 1541) :
« Blanc et clairet sont les couleurs
De ce bon vin que j'aime fort. »

La petite bataille *Hau le boys* (Trente et six chansons musicales, 1530) vante la noblesse des outils du vigneron :
« Hau le boys, vignerons gentilz,
Prenez serpette et serpillonnette,
Qui fait tenir vaisselle (tonneau) nette,
Le plus noble entre les outilz. »

La chanson *Vignon, Vignette*, attribuée au compositeur Claude de Sermisy, fut également publiée par Attaignant. Il en existe des versions pour luth, viole et clavecin :
« Vignon, vignette,
Qui te planta il fut prud'homme.
Il me semble advis que j'allaicte
Quand tu passes par mon gorgeon. »

Célèbre pour ses chansons à quatre voix, Claude de Sermisy est par ailleurs l'auteur de *Hau, hau je boys* :
« Prions à Dieu le roy des roys
Garder ce gentil vin françoys
Si en beuvons six potz pour trois
Pour mieulx nous esclarcir les voix
Beuvons d'autant je m'y envoi. »

Quant au célèbre tourdion *Quand je bois du vin clairet*, ce n'était à l'origine qu'une suite instrumentale très populaire au XVI^e siècle. Les paroles furent ajoutées en 1949 par César Geoffray, père du mouvement choral « À cœur joie » en utilisant autant que possible des chants à boire du XVI^e :
« Quand je bois du vin clairet,
Ami tout tourne, tourne, tourne, tourne
Aussi désormais je bois Anjou ou Arbois,
Chantons et buvons, à ce flacon faisons la guerre,
Chantons et buvons, les amis, buvons donc ! »

Intérieur de cabaret : le danseur au pichet *par Cornelis Dusart (1660-1704).*

Double page précédente : Entrée d'Alexandre le Grand dans Babylone *ou* Le triomphe d'Alexandre *par Charles Le Brun (1619-1690).*

Il arrivait que les compositeurs du XVIe siècle reprennent des chansons anciennes pour les adapter. Ainsi, Roland de Lassus, Jean Castro et Jacques Arcadelt réécrivirent un grand classique du Moyen Âge, *O Vigne en Vin*, en polyphonie à quatre voix :
« De terre en vigne,
La voilà la jolie vigne !
Vigni, vignon, vignons le vin.
La voilà la jolie vigne au vin,
La voilà la jolie vigne. »

À la fin du XIXe, cette chanson fut chantée par Aristide Bruant dans son cabaret de Montmartre et fut même recommandée par l'Éducation nationale en 1947 !
Connue dans presque toutes les régions, elle est très populaire avec de nombreuses variantes : certaines commencent par « Plantons la vigne », d'autres comptent un nombre infini de couplets « De feuille en fleur », « De tonne en cave »... pour finir avec « De cruche en verre ».

Même l'illustre Pierre Ronsard apporta sa contribution au vin. Prince des poètes français durant la Renaissance, il composa des chansons vantant les vins de Touraine, sa patrie. Ainsi, ce *Chant de folie à Bacchus* :
« J'entends le bruire des cymbales,
Et les chants sonner : Évohé !
J'oï la rage des Bacchanales
Et le son du cor enroué.
Amis, à force de bien boire,
Repoussez de vous le souci ;
Que jamais plus n'en soit mémoire,
Là, doncques, faites tous ainsi. »

## Poussé d'un désir de boire... Je caresse les tonneaux

La *Chanson à boire* du poète Claude de Malleville, compagnon du maréchal de Bassompierre, opposant au cardinal de Richelieu, annonce le XVIIe siècle :
« Lorsque nos mains s'arment d'un verre,
À tous les plus grands de la terre,
Nous faisons ployer le genoux.
Nos maîtresses sont plus traitables
Et nous semble plus que les notables
Sont moins notables que nous.
Bois, Daphnis, à toute la troupe :
Ce clair ornement d'une coupe
Fait des miracles non pareils ;
Il fléchit une âme cruelle,
Et rend la nature plus belle
En nous faisant voir deux soleils. »

À partir de 1610, la chanson polyphonique laissa la place à l'Air de Cour, tel ce « *Qui veut chasser une migraine* » du compositeur et luthiste français Gabriel Bataille :
« Qui veut chasser une migraine
N'a quoi boire toujours du bon,
Et maintenir la table pleine
De cervelas et de jambon
L'eau ne fait rien que pourrir le poumon,
Boute, boute, boute,
Boute compaignons,
Vuide nous ce verre et nous le remplirons. »

Sur le plan bachique, le XVIIe siècle fut dominé par Adam Billaut, plus connu sous le nom de « Maître Adam ». Menuisier de métier, originaire de Nevers, il s'introduisit durant les dernières années du règne de Louis XIII chez les grands du royaume, non pour ses qualités d'artisan mais pour son talent vocal.
Il publia un premier recueil de chansons et poèmes en 1644, *Les Chevilles*, et mourut en 1662 avant d'avoir terminé un deuxième ouvrage. Ses chansons à boire furent célèbres et inspirèrent largement les chansonniers du XVIIIe siècle.
La courte chanson *Quittons ce soin avare* demeura longtemps célèbre :
« Quittons ce soin avare
De nos ans le Bourreau,
Et qui d'un fer barbare
Nous creuse le Tombeau,
Et n'ayons plus d'envie,
Que d'honorer Bacus,
Puis qu'en perdant la vie
Nous perdons nos escus. »

Adam Billaut savait aussi se montrer poète lorsqu'il décrivait les paysages viticoles :
« Aussitôt que la lumière
Vient redorer les coteaux
Poussé d'un désir de boire
Je caresse les tonneaux... »

Enfin, il est l'auteur d'un rondeau donnant de bons conseils à un ami atteint d'une sciatique :
« Pour te guérir de cette sciatique
Qui te retient comme un paralytique
Dedans ton lit, sans aucun mouvement,
Prends-moi deux brocs d'un fin jus sarment ;
Puis, lis comment on les met en pratique :
Prends ces deux doigts et, bien chauds, les applique
Dedans l'externe où la douleur te pique,
Et tu boiras le reste, promptement,
Pour te guérir… »

Comment enfin ne pas évoquer Philippot, dit « le Savoyard » ? Ce joyeux rimeur aveugle, né en 1575, chanta durant très longtemps à Paris, devant la Samaritaine et le Pont Neuf. L'historien Claude Duneton le considère comme la « première vedette de la chanson populaire ». Chantre du bien boire et du bien manger, il inspira des chansonniers tels que Panard ou Piron et, plus tard, Brassens et Boby Lapointe. Ses chansons furent publiées (avec néanmoins des erreurs dans la pagination et les textes) en 1665, cinq ans avant sa mort, dans le *Recueil nouveau des chansons du Savoyard.*
Son répertoire de chansons à la gloire du vin est vaste, à commencer par *Bannissons ces fous* :
« … Bannissons ces fous,
Qui plaignent la vie
Resjouyssons-nous,
Beuvons je vous prie.
Refrain
Branslons le menton,
Branslons la machoire :
Ha qu'il fait bon boire
Quand on a du bon. »

Il proclamait l'intérêt du vin comme source d'inspiration dans *Vante qui voudra la doctrine*, la doctrine étant bien sûr celle de l'église, très en vogue dans les années 1660 :
« Vante qui voudra la doctrine,
Je me ris des discours de Pline,
Et de tant de livres divers,
L'esprit d'un buveur les surpasse,
Car il peut en vers et en prose,
Plus que les Muses de Parnasse. »

Philippot alla même jusqu'à décrire les effets du vin dans *Quand un homme de bien est ivre* :
« … Il connaît par expérience
Le centre et la circonférence
D'une bouteille et d'un jambon,
Il se rit des hommes d'études,
Etouffant dedans un flacon
Ses ennuis et inquiétudes. »

Il expliqua aussi dans *Ne vous étonnez pas* d'où lui venait son amour du vin :
« Ne vous estonnez pas
Si je chéris la treille,
Et si, dans mon repas,
J'aime bien la bouteille :
Ma nourrice m'a dit,
Que l'on prit un tonneau
Estant petit,
Estant petit enfant, pour me faire un berceau.
Ma nourrice au matin
Allant voir sa vendange,
Dans la cave du vin
Laissa tomber mon lange,
Et mon hochet aussi
Qu'elle me fit sucer,
Et du depuis
Et du depuis, du lait je n'ai voulu gouster. »

Malgré sa cécité, qui était d'ailleurs peut-être la conséquence d'une consommation immodérée d'alcool, Philippot était un fin lettré connaissant la mythologie et l'histoire ancienne. Il évoqua ainsi l'histoire de « Alexandre ce guerrier », assurant que ce dernier avait conquis la terre grâce au vin :
« S'il n'eut pas aimé le vin,
Il n'eut eu tant de victoires. »

Dans *Pour paraître Césars*, il dévoila même le remède d'Archimède :
« … Le remède
D'Archimède
Est qu'il prenait du vin
Pour rendre son esprit divin. »

Le célèbre Gargantua.

## Le vin et la musique chez Rabelais

Initiateur et propagateur de la pensée et des idées humanistes au XVIe siècle, prêtre, médecin, Rabelais tenait le vin et la musique en très haute estime. Le premier cri de Gargantua à sa naissance n'est-il pas « À boire ! À boire ! » ? Et il ne fait aucun doute que ce n'est pas du lait qu'il réclame !

Au Chapitre XXVII, frère Jean des Entommeures défend vigoureusement la vigne de son abbaye. Il découvre en effet que des ennemis sont en train de « vendanger le clos sur lequel reposait leur boisson pour toute l'année ». Il se rend alors dans le chœur de l'église où chantent les moines et leur crie « C'est bien chien chanté, vertu Dieu, que ne chantez-vous : Adieu paniers, vendanges sont faites ». Lorsque le Prieur veut le faire mettre au cachot pour avoir troublé l'office, Jean répond : « … Vous-même, Monsieur le Prieur, aimez à en boire et du meilleur. Jamais un homme noble ne hait le bon vin : c'est un précepte monacal ».

La musique tient une place de choix dans l'éducation du jeune Gargantua : « Au reguard des instrumens de musique, il aprint jouer du luc, de l'éspinette, de la harpe, de la flutte de Alemant et à neuf trouz, de la viole et de la sacqueboutte… » (Chapitre XXIII).

Car si Rabelais était amateur de vin, c'était aussi un fin mélomane qui connaissait bien les instruments de musique. Il utilisa des termes techniques, mentionna de nombreuses chansons et danses, faisant même allusion à la musique liturgique.

Le prologue du Quart Livre énumère ainsi une longue liste de compositeurs représentatifs du répertoire de l'époque, qui témoigne de très bonnes connaissances musicologiques. Il établit par exemple deux groupes :

- Josquin Desprez et la génération de la fin du XVe et début XVIe.
- Claude de Sermisy et d'autres musiciens dont l'éditeur Attaignant publia les œuvres à Paris et Lyon à la fin des années 1520.

**Métaphore habituelle de la fête dans l'art lyrique, le vin détend l'atmosphère après les moments dramatiques intenses. Il peut aussi jouer un rôle majeur dans les métamorphoses, devenir un outil de manipulation, un symbole de mort ou tout bonnement un… élixir d'amour !**

# À NOUS L'IVRESSE, À NOUS LA FOLIE

## Vive le vin, vive Pluton !

Il n'est pas rare, dans les opéras s'appuyant sur la mythologie grecque ou romaine, de faire référence à Bacchus, à la vigne ou au vin.
*Platée* de Rameau par exemple s'ouvre sur une scène de vendanges : des paysans alimentent des chariots chargés de raisins en présence de satyres et de ménades. On y loue et chante Bacchus. À la fin de l'histoire, lorsque Jupiter et Junon se réconcilient aux dépens de la pauvre Platée, ils vantent à nouveau le dieu du vin : « C'est ta victoire, livrons-nous au plaisir de boire. »

Scène de Tannhäuser *par Henri Fantin-Latour, 1836-1904.*

Richard Wagner débute son opéra *Tannhäuser* par une représentation du Vénusberg. Des troupes de bacchantes déambulent, les gestes sont enivrés, les transports de plus en plus débridés. L'Amour prend la forme d'une liqueur surnaturelle qui ressemble fort au vin quand Vénus dit à Tannhäuser : « Entre mes lèvres, dans mes yeux, coule pour toi le nectar divin ».
D'ailleurs, quand la déesse tente de séduire le jeune poète pour qu'il revienne dans son royaume : « Viens goûter l'éternelle ivresse… », il préfère mourir sur le cercueil de sa bien-aimée.
Une autre bacchanale célèbre est celle de Camille Saint-Saëns dans *Samson et Dalila*. Aveugle, accablé de mépris, Samson est la risée des Philistins qui dansent autour de lui. Il trouve néanmoins la force de briser les piliers du temple, emportant avec lui tous ceux qui sont responsables de sa déchéance.
Dans son opéra féerique *Orphée aux Enfers*, Jacques Offenbach s'appuie sur la mythologie pour réaliser une critique au vitriol de la cour de Napoléon III. Durant le final de l'acte IV, les dieux de l'Olympe et des Enfers sont réunis pour un immense festin : couronnés de fleurs, ils boivent. Pluton ne se déplace jamais sans une bouteille de vieux vin de Chypre, une hure de sanglier et un flacon d'essence de feu ! Ce festin se déroule peu avant qu'Orphée ne vienne chercher Eurydice. Elle ne semble pas vouloir partir avec son mari, entonnant même un hymne à Bacchus :
« Vive le vin, Vive Pluton !
Et nargue du qu'en dira-t-on !
La divine cohorte
Que ce vieux vin transporte
Chante Dieu qui porte
La couronne de fer !
Sa demeure chérie
Sera notre patrie,
Si l'on comprend la vie,
Amis, c'est en enfer !
Vive le vin… »

Et lorsqu'Orphée se retourna, Jupiter transforma Eurydice en bacchante chantant à la gloire du vin :
« Ah ! Ah ! Bacchus,
Mon âme légère
Qui n'a pu se faire
Au bonheur sur terre,
Aspire à toi,

Bacchus et Ariane *par Gérard de Lairesse (1641-1711).*

Divin Bacchus !
Reçois la prêtresse,
Dont la voix sans cesse
Veut chanter l'ivresse
À tes élus. »

La critique fut sévère : Eurydice, divinité de l'Antiquité, devenait un effet secondaire de l'alcool !

*Le Roi Roger* du Polonais Karol Szymanowski met en scène le conflit opposant les tendances présentes en chacun de nous : dionysiaques et apolliniennes, païennes et chrétiennes. Dans cet opéra du XX$^{e}$ siècle, un mystérieux berger qui est en réalité le dieu Dionysos, entraîne en effet tous les proches du roi Roger dans son sillage, le laissant seul.

Enfin, comment ne pas citer l'imposante arrivée de Bacchus sur l'île de Naxos dans *Ariane à Naxos* de Richard Strauss ? En 1942, dans ses *Souvenirs sur les premières représentations de mes opéras*, le compositeur déclara avoir composé cette musique avec un plaisir extrême et sans effort, craignant toutefois que l'orchestre de chambre réduit pour la scène de Bacchus ne suffise pas à ses « appétits dionysiaques » !

# LA FLÛTE ENCHANTÉE.

N° 94.

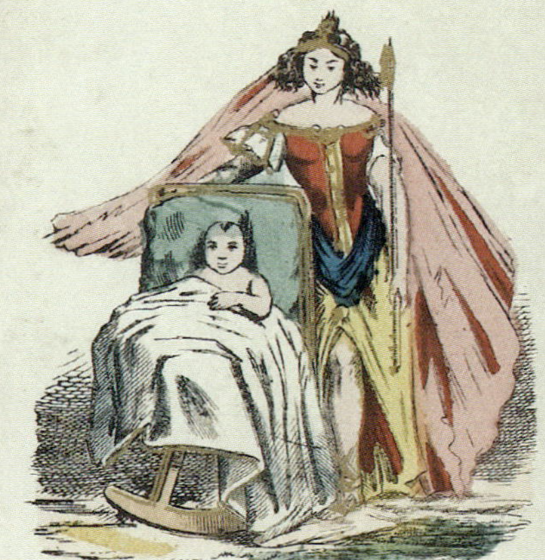

Fanchonnet le héros de mon histoire était originaire d'un petit pays agréablement situé sur les bords de la mer A son arrivée dans le monde il fut l'objet des soins et de la sollicitude d'une fée charmante, qui veilla sur son enfance jusqu'à l'âge de quinze ans.

Mais à 15 ans Fanchonnet se croyait homme, il quittait fréquemment la maison paternelle pour faire de longues promenades, aussi arriva-t-il, qu'un jour, surpris par des pirates il fut conduit à bord d'un vaisseau, qui faisait voile pour Constantinople.

Arrivé dans la capitale de l'empire turc le petit Fanchonnet fut présenté au Sultan. Ce grand seigneur l'accueillit favorablement et pour lui donner une preuve de sa sympathie pour les étrangers il l'envoya garder les brebis du serail.

Fanchonnet, qui était intelligent, tout en gardant ses troupeaux s'était fait un instrument de musique, dont il tirait de très beaux sons. Il eut même l'avantage d'attirer un jour l'attention d'une sultane qui se trouvait à passer sur ses terres. La sultane était belle, il la suivit.

L'odalisque resta pétrifiée de tant d'audace; mais après une courte explication ils reconnurent qu'ils étaient du même pays et la jeune française, qu'on appelait fleur-d'automne promit à son jeune compatriote une position plus agréable. La jeune fille tint parole.

Fanchonnet fut introduit mystérieusement dans le palais de son altesse. On l'habilla en musulman pour le présenter au Sultan comme un musicien de grand savoir. Grâce à fleur-d'automne Fanchonnet fut bientôt métamorphosé en turc.

Mais seul, en présence du Sultan Fanchonnet perdit un peu de son assurance, mais il se rappela les encouragements de son amie en prenant courage il siffla tant bien que mal son plus joli air mais, chose étrange ! le grand seigneur s'endormit à la 3e note.

Il y avait dans le sérail un perroquet qui avait entendu la musique et, que la musique n'avait pas endormi. Le bel oiseau répétait d'un bout à l'autre le grand air. Le Sultan en fut informé il eut de noirs soupçons ce qui lui occasionna une colère digne de lui.

Il supposa que le musicien avait été appelé par les odalisques et qu'en dépit des ordonnances il était arrivé jusqu'à elles. Cette supposition le rendit furieux, il appela son grand justicier et ordonna l'arrestation de l'artiste. Fanchonnet se trouva pris.

Depuis huit jours il était en prison le pauvre diable et de l'humanité entière il n'avait vu qu'un noir geôlier. Cependant oubliant un moment sa captivité il lui prit fantaisie d'essayer sa flûte Mais à la première note qu'en sortit la porte s'ouvrit.

Il s'enfuit vers fleur-d'automne, qui se concerta avec lui pour aller demander grâce au Sultan. Celui-ci ne voulut rien entendre et par mesure de précaution contre le pouvoir de la flûte il fut décidé, que Fanchonnet occuperait une chambre contigue à celle de son altesse

Fanchonnet savait donc, qu'une porte seule le séparait du Sultan il se rappela la puissance, qu'avait sa flûte et un jour, que fatigué de sa captivité il songeait à se faire libre, il se hasarda à jeter quelques sons, qui devaient aller jusqu'au Sultan par le trou de la serrure

La flûte produisit son effet, le Sultan ainsi que le soldat qui veillait près de lui s'endormirent aux sons de l'instrument enchanté et une fois encore le malheureux Fanchonnet put espérer de revoir un jour le sol chéri, qui l'avait vu naître

Cette fois il ne fut plus question d'aller trouver le Sultan les deux amis prirent la fuite. Fleur-d'automne, qui connaissait les habitudes du pays trouva un indigène, qui moyennant une certaine somme consentit à entreprendre un voyage pour la france.

Les deux captifs une fois à bord firent des réflexions sur la sagesse et la nécessité où sont tous les enfants d'obéir à leurs parents et de ne quitter la maison, que sur leur autorisation, quand ils arrivèrent en vue des côtes de france, les résolutions étaient prises.

Les deux fugitifs une fois débarqués coururent à l'habitation du père Fanchonnet, celui-ci vivait encore, mais sa femme était morte de chagrin de l'absence de son fils. Il retrouva une sœur, qui avait grandie et Fanchonnet fut heureux de lui présenter fleur-d'automne comme sa future femme.

Lith. de Fr. Wentzel à Wissembourg

Déposé

DÉPÔT chez Vve Humbert rue St Jacques 65 PARIS.

## Et dans ton verre et le mien, que sombre toute pensée

Le vin à l'opéra peut être gai comme dans *La Flûte Enchantée* de Mozart. Lorsque Tamino quitte Pamina, Papageno est soulagé de ne pas rejoindre l'assemblée des initiés. La seule chose qu'il demande, c'est du vin qui aussitôt apparaît comme par enchantement. Cela le rend joyeux, même s'il s'en inquiète plus tard : « Depuis que j'ai goûté ce vin, depuis que j'ai vu cette jolie fille, mon cœur brûle au fond de ma poitrine ».
De même, Mozart met en scène le vin dans *Cosi fan tutte* comme un plaisir absolu mais fugace, véritable philtre d'oubli comme le chantent Fiordiligi, Dorabella et Ferrando :
« Et dans ton verre et le mien
Que sombre toute pensée
Et que tout souvenir du passé. »

Lorsque Hector Berlioz composa *Béatrice et Bénédict*, à 58 ans, il était déjà miné par la maladie. C'est pourtant la plus légère et la plus gaie de ses œuvres lyriques, avec une superbe mise en scène du vin. Le maître de chapelle Somarone, un personnage qui n'était pas dans la comédie originelle de Shakespeare (*Beaucoup de bruit pour rien*) dont s'est inspiré Berlioz, déclame une chanson à boire à la gloire du vin de Syracuse au début de l'acte II :
« Le vin de Syracuse
Accuse
Une grande chaleur
Au cœur
De notre île
De Sicile.
Vive ce vin fameux
Si fin !
Mais la plus noble flamme
Douce à l'âme
Comme au cœur
Du buveur,
C'est la liqueur vermeille
De la treille
Des coteaux de Marsala
Qui l'a ! »

Page de gauche : La flûte enchantée, *XIX^e siècle.*

*Le Comte Ory* (Rossini) est un autre exemple de vin joyeux. Lorsque le jeune comte et son ami réussissent à s'introduire au château pour séduire la belle Adèle, ils expriment leur joie d'avoir trouvé du vin par un chœur à boire d'une gaieté contagieuse. Leurs efforts seront mal récompensés puisqu'ils finiront par être démasqués !

Dans le même esprit, *Les mousquetaires au couvent* de Louis Varney raconte les aventures de fringants mousquetaires s'introduisant au couvent des Ursulines déguisés en moines. Ils sont fort bien accueillis par les sœurs :
« Gris, je suis gris, vraiment la chose est bien possible,
Mais la faute est aux bonnes sœurs qui me comblèrent de douceurs
Auxquelles je fus très sensible.
C'est une truite saumonée avec du Marsala très vieux, puis un jambonneau
Que je baptise en conscience d'un fin Bordeaux
Du plus haut prix.
Et pour finir du homard
Que j'arrose avec largesse de Chambertin et de Pommard.
J'ai vu défiler sur la table les meilleurs vins des meilleurs crus,
Vin de Sicile et d'Espagne
Muscat, Bordeaux, Macon, Champagne. »

Mais la plus belle illustration montrant que le vin a toute sa place à l'opéra est à chercher dans *L'Élixir d'Amour* de Donizetti, composé d'après un livret de Félice Romani. Car cet élixir que le jeune Nemorino voudrait bien faire boire à la belle Adina n'est autre que du… Bordeaux !
« C'est du Bordeaux, point d'élixir » s'exclame en effet discrètement le magicien Dulcamara lorsque Nemorino lui réclame l'élixir qui inspire l'amour. Il va néanmoins changer le cours des choses et faire comprendre à Adina que Némorino l'aime, bien qu'elle soit engagée auprès du soldat Belcore, lui aussi grand amateur de vin :
« Mes deux dieux seront toujours l'amour et le vin.
La femme et le verre effacent tous les chagrins ».
Au final, le fameux élixir remportera un succès colossal auprès des villageois, pour le plus grand plaisir du rusé Dulcamara.
*Une Éducation Manquée* d'Emmanuel Chabrier traite de l'éducation d'un jeune noble sous le règne de Louis XVI. Son précepteur lui a en effet tout appris… sauf l'essentiel, c'est-à-dire que faire le soir de ses noces ! Ce précepteur,

*Autour du piano : Adolphe Julien, Arthur Boisseau, Emmanuel Chabrier, Camille Benoît, Edmond Maître, Antoine Lascoux, Vincent d'Indy, Amédée Pigeon par Henri Fantin-Latour (1836-1904).*

Pausanias, qui a largement profité des plaisirs de la fête, chante les louanges des vins du Roussillon :
« Ce vin généreux
J'en ai pris d'abord un verre
Après ça j'en ai pris deux
Mais quand je bois, moi, ça m'altère,
Et voilà, je crois, pourquoi
Voilà pourquoi j'ai poussé jusqu'à trois !
… Eh ! Bon, bon, bon, bon, bon qu'il était bon
mon petit Roussillon ! »

Lorsque Jean, *Le Jongleur de Notre Dame* de Jules Massenet, arrive sur la place de Cluny, c'est un pauvre hère qui ne mange pas tous les jours à sa faim. À tel point qu'il se console en chantant des *Alleluia du vin* :
« Le vin, c'est Dieu le père…
Ne buvez pas d'eau, breuvage délétère… »

C'est pourquoi il est bien tenté d'entrer au couvent quand le père Boniface arrive sur un âne chargé de victuailles et de bouteilles. D'autant plus que le bon père fait la publicité du vin qu'il transporte : « C'est du Mâcon ». Jean se laisse tenter : « Je bois bon vin, je mange viandes grasses » mais demeure bien malheureux car, ne connaissant pas le latin, il ne peut que boire et manger !
Massenet évoque également le vin dans *Werther*. Après avoir fait chanter ses six enfants, le bailli exprime sa joie de partir avec ses amis en chantant un refrain bachique « Vivat Bacchus – semper vivat ! » Dans la taverne, les amis chantent et boivent, célébrant le vin.
Les opérettes de Jacques Offenbach sont également emblématiques de ce que le vin peut apporter de gaieté et de joie. *La princesse Trébizonde* comprend un hymne au Malvoisie, *Pomme d'api* proclame « le verre à la main, envoyons au diable tristesse et chagrin. »

C'est d'ailleurs grâce au succès d'une vibrante chanson à boire intégrée dans *Le Mariage aux lanternes* qu'Offenbach obtint l'autorisation de Napoléon III de mettre plus de deux personnages en scène :
« Allons donc, allons donc, allons donc !
Buvons donc, buvons donc, buvons donc !
Si Dieu nous défendait de boire,
Aurait-il fait le vin si bon ?
Non, non, non, non, non ! »

L'opérette était née, faisant découvrir avec ivresse à une bourgeoisie, lassée de l'opéra-comique qui était devenu soporifique, de nouveaux délices.

## Gloire au roi de tous les vins !

Dans *La Chauve Souris* de Johann Strauss, la vedette est incontestablement le Champagne. Créée en 1874 sur un livret de Carl Haffner et Richard Genée d'après le vaudeville *Le Réveillon* de Meilhac et Halévy, lui-même inspiré de la pièce *La Geôle* de l'Allemand Roderich Benedix, cette opérette dans le plus pur style viennois relate une histoire de vengeance sur fond de fête costumée et de quiproquos en tout genre. Le titre fait allusion au fait que l'un des personnages se rend à un bal costumé déguisé en immense écureuil volant. Le Champagne coule à flots, mais l'ivresse vient aussi du fait qu'avec la montée des cours de la Bourse, il n'y a plus besoin de travailler pour atteindre la richesse :
« Sa majesté Champagne est roi.
Rangeons-nous sous sa loi !
Vive le Champagne !
C'est lui le vrai roi ! »
(...) Le Champagne est la cause, tralalala,
De nos ennuis d'aujourd'hui, tralalala,
Mais il m'a aussi donné la vérité
Et m'a montré en toute clarté
La fidélité de mon mari
Qui est maintenant repenti.
Chantez, chantez ensemble
Et célébrez en chœur
Le roi de tous les vins ! »

La première fut présentée aux Viennois le 5 avril 1874, un an après un énorme désastre boursier. Personne n'avait plus le cœur à rire... C'est finalement à Paris que la pièce rencontra le succès triomphal quelques années plus tard, avant d'être jouée partout en Europe, en Amérique du Nord et même en Inde.
Dans *La Veuve Joyeuse*, une opérette de Franz Léhar, le Champagne est aussi de la fête. Dominée par la valse viennoise, elle fait appel à de nouvelles danses et rythmes, ressuscitant un genre que l'on croyait moribond depuis la disparition de Johann Strauss en 1899. Cette opérette fut jouée à Vienne en 1905, à Londres et à Paris des centaines de fois :
« Dansons donc notr'existence
Mousseu's comme du Champagne sec ! »

Dans *Arabella* de Richard Strauss (1933), on boit également du Champagne. La famille Waldner ruinée veut en effet marier Arabella à un riche parti. Durant l'acte II, à Mandryka qui lui demande « Quel Champagne aimez-vous ? », la mère d'Arabella répond « Moët et Chandon demi-sec – c'était celui de mes fiançailles » et Mandryka d'en commander 36 bouteilles « et encore trente ! et trente encore ! Du Champagne pour tout le monde ! »
Strauss ne manque pas d'humour lorsqu'il décrit la coutume de Croatie, le pays de Mandryka, qui consiste à faire offrir par les jeunes filles un verre d'eau en signe d'engagement !

Arabella *d'après l'œuvre de Richard Strauss.*

# Que mon verre soit plein !

Les scènes de taverne sont fréquentes à l'opéra et l'on y trouve volontiers du vin.

À partir du texte de Goethe traduit par Gérard de Nerval, Hector Berlioz imagine son opéra *La Damnation de Faust* en intégrant quelques références au vin comme le veut l'histoire de ce personnage allemand de la fin du XV^e^ siècle. La tradition lui attribue en effet une série d'exploits bachiques : chevauchée sur un tonneau plein de vin, apparition par magie de ceps chargés de raisins et de vin…

Dans l'opéra de Berlioz, Mephistophélès emmène Faust dans la cave d'Auerbach (Leipzig) et pour le distraire, des buveurs entonnent une chanson à boire. De même, après le songe merveilleux au cours duquel il rêve de sa bien-aimée, Margarita, Faust s'éveille et entend des chants bachiques de soldats et d'étudiants qui rappellent les chants des Goliards.

Dans le *Faust* de Gounod, la taverne d'Auerbach est transformée en kermesse où figure néanmoins un cabaret. Le vin est toujours présent : chœur des étudiants dès le début, hymne à la boisson avant l'entrée des personnages principaux. C'est le support de la fête comme en témoigne ce chant des étudiants :

« Bière ou vin,
Que mon verre
Soit plein !
Sans vergogne,
Coup sur coup
Un ivrogne
Boit tout ! »

Chez Gounod, Méphistophélès renoue avec la tradition ancienne de magie, invoquant Bacchus assis sur l'enseigne du cabaret. Le vin est alors associé à la personnalité du diable et à ses mauvais tours :

*Méphistophélès (à l'un des présents, Valentin, frère de Marguerite) :*
« Prenez garde, mon brave
Vous vous ferez tuer par quelqu'un que je sais ! »
*(Prenant le verre des mains de Wagner)*
« À votre santé ! »
*(Jetant le contenu du verre après y avoir trempé ses lèvres)*
« Peuh ! que le vin est mauvais !...
Permettez-moi de vous en offrir de ma cave ! »
*(Frappant sur le tonneau, surmonté d'un Bacchus, qui sert d'enseigne au cabaret)*

*Faust et Méphistophélès galopant dans la nuit du sabbat par Eugène Delacroix (1798-1863).*

« Holà, seigneur Bacchus ! à boire ! »
*(Le vin jaillit du tonneau. Aux étudiants)*
« Approchez-vous !
Chacun sera servi selon ses goûts !
À la santé que tout à l'heure
Vous portiez, mes amis, à Marguerite ! »

Quand Valentin lui arrache le verre des mains pour le faire taire, Méphistophélès enflamme le vin dans la vasque placée au dessous du tonneau.

La première scène des *Contes d'Hoffmann* d'Offenbach se déroule dans la taverne de Maître Luther, à Nuremberg, près du théâtre lyrique où l'on joue *Don Giovanni*. Un chœur à boire exaltant les esprits du vin et de la bière résonne dans les coulisses :

Les esprits du vin :
« Glou, glou, glou, glou, glou, glou, glou,
Je suis le vin !
Les esprits de la bière
« Glou, glou, glou, glou, glou, glou, glou,
Je suis la bière !
Tous les esprits ensemble
« Glou, glou, glou, nous sommes
Les amis des hommes ;
Nous chassons ici
Langueur et souci, etc
Glou, glou, glou… »

Durant la scène IV de l'acte I, Nathanël, Hermann et les étudiants dans la taverne réclament à boire.
« Du vin ! Jusqu'au matin
Remplis, remplis mon verre !
Jusqu'au matin remplis les pots d'étain ! »

Et lorsque Hoffmann rejoint Lindorf et Andrès, il réclame lui aussi à boire pour oublier les mauvais souvenirs qui l'accablent et raconter son histoire. L'opéra se termine par la scène où Hoffmann, ivre mort, ne remarque même pas Stella qui le cherche :
« Ah ! je suis fou ! à nous le vertige divin
Des esprits de l'alcool, de la bière et du vin !
À nous l'ivresse et la folie !
Le néant par qui l'on oublie ! »

## Le vin de l'assassin

Verdi et Puccini ont particulièrement bien mis en scène le vin durant des scènes de réjouissances qui, la plupart du temps, annoncent de tristes lendemains.
Le début de *La Traviata* (Verdi) est gai : on boit du Champagne. Dans sa maison, Violetta reçoit ses amis, c'est la fête : « Une coupe à la main, la fête est plus animée (...) Vous avez dit vrai... l'aimable breuvage met toujours en fuite les soucis cachés ». Violetta sert à boire à Alfredo en lui déclarant « Que je sois Hébé versant à boire ! ». Et tous reprennent plus loin « Buvons ». Alfredo chante même une chanson à boire : « Libiamo ne'lieti calici » (Buvons dans ces joyeuses coupes).

La Traviata *de Giuseppe Verdi.*

Mais l'histoire se termine de façon dramatique : Violetta, couchée, malade et esseulée, lit la lettre du père d'Alfredo annonçant qu'il est en fuite à l'étranger. Alors qu'elle ne boit plus que de l'eau, le carnaval anime les rues de Paris en une bacchanale débridée.
*La Bohème* de Puccini débute également par des réjouissances : Rodolphe le poète, Marcel le peintre, Colline le philosophe et Schaunard le musicien saluent comme un miracle les denrées qui arrivent dans leur modeste appartement du quartier latin : « Du bois... des cigares... du Bordeaux !... Ripailles de kermesse que le destin nous destina. »
Au propriétaire qui vient réclamer son loyer, ils servent à boire. Et quand Rodolphe rencontre pour la première fois Mimi, il lui offre également un verre de vin, symbole de la passion à naître. Plus tard, les jeunes amis et Mimi s'offrent un festin, Schaunard réclame du vin, mais du Rhin. Plus loin, une chanson de taverne souligne encore l'association entre l'amour et le vin :
« Qui a trouvé le bonheur
au fond de son verre, ah !
Sur une bouche avec ardeur
trouve l'amour. »

*Manon Lescaut* débute dans une taverne : Edmond est attablé, des étudiants chantent, on sert du vin. Quand Des Grieux et Edmond plaisantent sur les jeunes filles, un chœur entonne une chanson gaie (« Que des verres pleins la musique résonne »). C'est juste avant que Manon n'arrive (elle s'apprête à partir au couvent) et que Des Grieux n'en tombe amoureux.
Le frère de Manon comprend vite qu'il doit se méfier de Des Grieux, mais c'est par Géronte, un riche fermier général qui convoite également Manon, qu'il se fera saouler : « Où est le vin ? Eh quoi ? J'aurais tout bu ? ».
Le vin peut aussi marquer l'opposition entre l'univers des morts et celui des vivants.
Ainsi, quand le Commandeur se joint à la table de *Don Giovanni* (Mozart), il refuse sèchement le vin qu'il lui propose : « Arrête un peu. Celui qui a goûté des nourritures célestes ne touche pas à celles des mortels ». Car c'est une autre soif que celle du vin qui le conduit sur terre : celle de justice et de vérité.
De même, si les marins du navire norvégien de Daland, dans *Le Hollandais Volant* de Wagner, ne se privent pas de réjouissances – les matelots chantent « Chacun a sa belle

Bardolph et Falstaff, *par Grützner, illustration pour William Shakespeare.*

à terre, d'excellent tabac et de bonne eau-de-vie » – ce n'est pas le cas de l'équipage du vaisseau fantôme. Lorsque les jeunes filles du port leur demandent : « Hé marins, ne voulez-vous pas du vin frais », ils leur répondent qu'ils ne boivent ni ne chantent.
On trouve également cette image du vin symbole de mort dans *Wozzeck*, de Berg, un opéra composé entre 1914 et 1921 d'après la pièce Woyzeck de Georg Büchner. La femme de Wozzeck, Marie, s'est éprise du tambour major. Dans la berceuse qu'elle chante à son fils, il est question de vin que l'on donne à un cheval. À l'auberge, deux ivrognes dialoguent, l'un a le vin « triste », l'autre « gai ». C'est le vin des petites gens, des basses classes. Et lorsqu'à la caserne, Wozzeck entend le tambour major se vanter d'avoir eu une « belle femme » et refuse son invitation à boire, il s'attire la colère et les coups. Le vin et l'ivresse deviennent alors signe de brutalité et de violence mais aussi d'une certaine virilité. Après avoir tué Marie, Wozzeck boit du vin avec Margret, du sang apparaît sur son bras, c'est le vin du meurtrier.
On peut aussi citer *Der Wein* de Berg qui consiste en une mise en musique dans le langage dodécaphonique des poèmes de Baudelaire tirés des *Fleurs du Mal* : Le Vin des Chiffonniers, Le Vin de l'Assassin, Le Vin du Solitaire et Le Vin des Amants.
Mais le plus emblématique des ivrognes à l'opéra reste bien sûr le Falstaff. Tiré d'une intrigue de William Shakespeare (*Les Joyeuses Commères de Windsor*) le *Falstaff* de Verdi débute à l'auberge de la Jarretière. Le Dr Caius vient se plaindre que ses valets l'ont volé. Falstaff réclame à boire mais n'a pas d'argent, il se querelle avec ses valets, les traite « d'ivrognes », les accuse de boire son vin.
Tout au long de l'opéra, Fastaff se fait traiter « d'ivrogne », de « tonneau » par Alice, la femme qu'il tente de séduire… Et lorsqu'il se retrouve trempé pour avoir été jeté à la rivière dans un panier à linge, c'est à l'auberge qu'il se réconforte, avec du vin chaud !

## Donnez-leur du vin

Source de gaieté mais aussi d'ivresse, le vin est bien utile à ceux qui veulent manipuler les plus naïfs.
Mozart et son librettiste, Lorenzo Da Ponte, sont à l'origine d'une des plus belles arias à la gloire du vin : *Finch'han dal vino* (*Don Giovanni*). Cet air très célèbre est connu sous le nom « d'air du Champagne » car, au XIX^e^ siècle, dans une tradition allemande aujourd'hui oubliée, on y avait introduit le mot *Champagner* (« Oui, du Champagne/Il mousse pour la fête/Pour des convives de qualité/Un vin merveilleux »).
Ce vin que Don Giovanni offre aux villageois n'a qu'un seul but : lui permettre de séduire la jeune mariée, Zerlina, aux dépens du pauvre fiancé Masetto. Don Giovanni enivre la compagnie pour mieux goûter sa propre ivresse érotique. Mais ce qu'il fait avec les villageois ne réussit pas avec le Commandeur qui refuse sèchement son vin.
Da Ponte est un connaisseur car avant que le Commandeur n'arrive, Don Giovanni boit et mange : « Verse à boire ! Excellent ce Marzimino ! » dit-il à Leporello. Or, le marzimino gentile est un cépage rouge rustique du Trentin de très bonne qualité, fort apprécié des Viennois et que Molière n'a jamais cité dans son *Don Juan*.
Dans *L'Enlèvement au sérail* de Mozart, on a aussi recours au vin pour enivrer Osmin, le gardien du palais du pacha qui a enlevé Constance, la fiancée de Belmont. Bien que musulman, il se laisse tenter par la chanson au rythme endiablé à la gloire de Bacchus. En même temps que le vin de Chypre, il boit le narcotique et s'endort.
Dans *Le Barbier de Séville*, Beaumarchais fait clairement référence au vin, lui pour qui c'est un principe d'existence, un sens à la vie, un « éloigneur » de mort. Ainsi, sous la fenêtre de Rosine, Figaro fredonne une chanson à la guitare :

Le Barbier de Séville ou la précaution inutile *de Beaumarchais, Paris, Opéra-Comique, 3 juin 2006.*

« Bannissons le chagrin
Il nous consume :
Sans le feu du bon vin
Qui nous rallume… »

Dans son livret pour Rossini, Sterbini n'a malheureusement pas conservé cette chanson. Mais Figaro conseille quand même au comte déguisé en soldat de se faire passer pour ivre lorsqu'il arrivera chez Bartholo. « Parce qu'un homme, un peu pris de vin, le tuteur, croyez-moi, se méfiera moins ».
Dans *Otello* de Verdi, le vin sert à Iago pour se venger. Dans la taverne, il enivre en effet son rival Cassio, tout juste nommé capitaine par Otello. Suivent des malentendus et des querelles uniquement provoqués par l'état second dans lequel sont plongés les personnages à cause du vin.

Dans un style beaucoup plus léger, Offenbach utilise également le vin pour égarer ses personnages de *La Vie Parisienne*. Ainsi, dans le final de l'acte II, pour retenir le baron, on l'enivre : « Traçons notre plan de campagne ». Chacun propose du Bourgogne, du Bordeaux, du Champagne selon sa région d'origine où son goût. Et puis, il faut aussi dire des bêtises pour se griser… comme ce couplet amusant de Gabrielle :
« Ce que je ne m'explique guère,
C'est pourquoi l'on boit à Paris,
Le mauvais vin dans les grands verres,
Et le bon vin dans les petits. »

Quand tous sont gris, Gabrielle entonne :
« Quand on boit, il est une chose
Qui me surprend fort mes amis,
Et c'est que pour tout voir en rose,
Il faille soi-même être gris. »

Le baron est bien ivre : « Tout tourne, tourne, tourne, tout danse, danse, danse et voilà que déjà ma tête s'en va, elle s'en va ». L'acte se termine dans la griserie la plus folle et les propos de table les plus joyeux. Au troisième acte, on chante cette fois le Champagne en le buvant même sur scène. C'est avec lui que se termine la pièce :
« Des chansons qui babillent,
Baisers pris et rendus !
Des flacons qui pétillent !
En avant, les grands crus !
Et pif, et paf, et pif, et paf.
Oui, voilà, la vie parisienne !
Du plaisir à perdre l'haleine,
Oui, voilà la vie parisienne ! »

Jacques Offenbach et ses librettistes, Meilhac et Halevy, eurent également recours au vin dans *La Périchole* pour enivrer les personnages et les manipuler plus facilement. L'action se déroule à Lima, au XIII^e siècle. Pour la fête du vice-roi, on fait la fête, on boit gratuitement. La foule trinque au cabaret des Trois Cousines, débordées et enchantées que l'on « fasse glouglou » dans leur établissement. On boit du Xérès, du Malaga, du Porto, des vins d'Alicante et de Madère.
L'onomatopée « glouglou » est très développée dans les opéras d'Offenbach, à commencer par *Les Contes d'Hoffmann*. Elle témoigne de la fréquence du thème de la boisson dans son œuvre en général.

*Ernest Van Dyck (1861-1923), ténor belge, dans le rôle de Parsifal, de Richard Wagner.*

Le vice-roi est séduit par « La Périchole » mais il ne peut l'approcher tant qu'elle n'est pas mariée. Elle aime Piquillo qui n'a pas un sou en poche et ne peut donc pas l'épouser. Or, c'est ce dernier que les émissaires du vice-roi enivrent pour le marier à… la Périchole ! Mais il ne la reconnaît pas, tellement il est ivre, lui affirmant même… qu'il en aime une autre ! Le chœur célèbre la vie quand le vin est bon.
Pour que ce mariage puisse être conclu un jour de fête, on enivre aussi les notaires qui ne se privent pas de vanter les bons vins de Madère, de Malaga, de Porto…

## Le vin magique et sacré

Dans *Parsifal* de Wagner, qui conte la recherche du Saint Graal, la nature sacrée du vin se révèle pleinement. Le héros assiste en effet à la célébration de la Cène par Amfortas. Les chevaliers scellent la fraternité qui doit régner entre eux. La communion dans la puissance du vin consacré dispense la force et l'enthousiasme : « Prenez du vin, qu'il se fasse votre sang, qu'il y allume le feu de vie et la joie d'être unis en frères, fidèles combattants inspirés par l'Esprit ». Le vin régénère les héros.
Wagner met également en scène *Tristan et Isolde* dont la légende médiévale indique que le philtre d'amour est un vin herbé. Croyant entraîner Tristan dans la mort, Isolde lui fait boire le philtre d'amour : « Bienfaisant breuvage d'oubli, je te bois sans hésiter ».
D'ailleurs, le Suisse Frank Martin s'inspira aussi de la légende de Tristan et Iseult pour composer son *oratorio*, *Le Vin Herbé,* au début des années 1940.

## L'Hymne à Bacchus de Félix Mendelssohn

Auteur de la très célèbre *Marche nuptiale* tirée du *Songe d'une nuit d'été*, Félix Mendelssohn est aussi l'auteur d'*Antigone*, une musique de scène composée à la demande du roi de Prusse pour la tragédie de Sophocle.
Le spectacle fut créé au nouveau palais de Postdam le 28 octobre 1841, avant d'être présenté au Schauspielhaus de Berlin en 1842.
On y assimile la cour de Prusse à la cour de Thèbes… ce qui passionna tous les érudits romantiques. Familiarisé de longue date avec l'Antiquité grecque, Mendelssohn apprécia ce travail, déclarant même : « J'avais une joie incontrôlable que je n'oublierai jamais ».
Il y fit chanter les chœurs à la manière de Gluck, utilisa le double chœur masculin alliant héritage grec et vogue allemande des sociétés chorales. Mais le plus intéressant est qu'il composa pour son Antigone un Hymne à Bacchus qui fut repris en 1844 à Paris par Hector Berlioz pour la clôture de l'Exposition industrielle. Le compositeur français dirigea alors un chœur colossal de plus de 1000 musiciens ! Voilà ce qu'il en dit dans ses mémoires : « L'Hymne à Bacchus de Mendelssohn sembla lourd et terne : un journal, quelques jours après, dit que les prêtres de ce Bacchus avaient sans doute bu de la bière et non du vin de Chypre ». !

**Compagnon de la vie quotidienne, des fêtes, des révolutions et des guerres des Français, le vin occupe une place de choix dans le répertoire des chansons populaires. Voyage à travers l'Histoire.**

# Quand on est un sage et qu'on a du savoir boire

## Le jour de boire est arrivé

Au VI^e siècle, les Bretons faisaient souvent des incursions chez les Gaulois pour défendre leur indépendance mais aussi pour s'approvisionner en vin. D'après Grégoire de Tours, quand arrivait l'automne, ils partaient avec des chariots, des instruments de guerre et d'agriculture pour une « vendange armée ». Si les raisins étaient encore sur pied, ils les cueillaient. Si le vin était fait, ils l'emportaient. S'ils étaient trop pressés ou surpris par les Francs, ils le buvaient sur place ! *Le vin des Gaulois* (Gwin ar C'hallaoued) est un chant faisant allusion à ces expéditions, probablement dans la région de Nantes car il est question de vin blanc. Il fut édité en 1839 à Paris dans un ouvrage compilant des chants bretons, *Barzaz-Breiz* :

« Mieux vaut vin blanc de raisin
Que de mûre !
Mieux vaut vin blanc de raisin
(…) Mieux vaut vin nouveau
Que bière ;
Mieux vaut vin nouveau
(…) Mieux vaut vin de Gaulois
Que de pommes ;
Mieux vaut vin de Gaulois. »

*Musiciens bretons.*

Au XVIII^e siècle, la Révolution française permit de libérer le vin de la barrière de l'octroi. C'est peut-être pour célébrer cet événement qu'un auteur inconnu publia dans *La Feuille du Matin* du 25 novembre 1792, une *Marseillaise du Buveur* :

« Allons, enfants de la Courtille,
Le jour de boire est arrivé.
C'est pour nous que le boudin grille,
C'est pour nous qu'on l'a préparé (bis)
Ne sent-on pas dans la cuisine
Rôtir et dindons et gigots ;
Ma foi, nous serions bien nigauds,
Si nous leur faisions triste mine.
À table, citoyens, videz tous les flacons ;
Buvez, buvez, qu'un vin bien pur abreuve vos poumons… »

Refrains patriotiques La Carmagnole, *1789.*

Victor Hugo sur le rocher des proscrits, Jersey,
*par Charles Hugo (1826-1871).*

Chantée et probablement dansée en farandole sous les fenêtres de la prison du temple où logeait la famille royale, *La Carmagnole* (1792) invite à trinquer, dans son dernier couplet, aux sans-culottes des faubourgs :

« Oui, nous nous souviendrons toujours (bis)
Des sans-culottes des faubourgs (bis)
À leur santé buvons,
Vivent ces bons lurons. »

Farouche opposant à Napoléon III, exilé sur l'île de Jersey, Victor Hugo utilisa la chanson pour crier, en 1852, sa révolte contre les excès du régime :

« Courtisans ! attablés dans la splendide orgie,
La bouche par le rire et la soif élargie,
Vous célébrez César, très bon, très grand, très pur ;
Vous buvez, apostats à tous ce qu'on révère,
Le Chypre à pleine coupe et la honte à plein verre…
Mangez, moi je préfère,
Vérité, ton pain dur.
(…) Soldats qui revenez du boulevard Montmartre,
Le vin, au sang mêlé, jaillit sur vos habits… »

Mais c'est peut-être au début du XX^e^ siècle, alors que la révolte grondait chez les vignerons affamés du Midi, que les plus beaux couplets sur le vin furent écrits. On chantait *La Vigneronne* :

« Guerre aux bandits narguant notre misère
Et, sans merci, guerre aux fraudeurs. »

Un certain Auguste Rouquet composa même une splendide *Marseille des viticulteurs* :

« Pour affirmer nos droits de vivre,
Fils du Midi, assemblons-nous ;
Les fraudeurs à la mort nous livrent,
Qu'ils redoutent notre courroux ! (bis)
Entendez-vous dans nos campagnes,
Retentir nos cris et nos pleurs ?
Depuis trop longtemps les fraudeurs
Affament nos fils, nos compagnes.
 Debout ! Viticulteurs !
 C'est trop, trop de malheurs !
 Luttons ! luttons !
 Pour que la faim déserte nos maisons !
Quoi ! ces fraudeurs dans leurs richesses
Riraient de nos pauvres foyers !
Eux qui vivent de notre détresse
Devant eux nous verraient ployer (bis)
Quoi ! nous dépeuplerions nos terres
Des vignes aux pampres juteux !

Là où vécurent nos aïeux
Nous ne trouverions que misère !
Debout ! Viticulteurs !
C'est trop, trop de malheurs !
Luttons ! luttons !
Et, sans faiblir, ensemble nous vaincrons !
De notre vin nous voulons vivre.
Qu'on écoute enfin notre voix ;
Que des fraudeurs on nous délivre,
Qu'on nous donne ce qu'on nous doit (bis).
Accourez ceux de Carcassonne,
De Béziers et de Lézignan,
D'Argeliers, Nîmes, Perpignan,
Coursan, Montpellier et Narbonne !
Fils du Midi, Debout !
Nous irons jusqu'au bout !
Luttons ! luttons !
Et, sans faiblir, ensemble nous vaincrons ! »

La révolte ne gronda pas seulement dans le Midi. Les vignerons d'Arbois votèrent la grève de l'impôt aux accents d'une « Marseillaise nouvelle » qui commençait ainsi :
« Allons ! vignerons, levons-nous,
Contre la tyrannie ;
Laissons les pleutres à genoux
Aux pieds de la Régie ;
Les vign'rons d'Arbois
Ne veul'nt plus de rois
Ni d'scellés, ni de dîme ;
À m'sieu l'percepteur
Crions tous en chœur :
T'auras pas un centime ! »

Et lorsqu'un député voulut limiter leur privilège de bouilleurs de cru, ils entonnèrent *La Marseillaise des Bouilleurs de cru* :
« Allons ! Enfants de la chaudière,
Le jour de cuire est arrivé.
Contre nous, d'une loi meurtrière
Le décret cinglant est levé (bis).
Entendez-vous de la Régie
Mugir les féroces gab'lous ?
Ils viennent comme des filous
Étrangler nos vins et nos eaux-de-vie. »

En Champagne, à la veille de la Grande Guerre, on chantait *L'Internationale des vignerons de l'Aube* :
« C'est la lutte en Champagne
Levons-nous et demain
Un'limite normal'
Nous rendra notre pain. »

La première guerre mondiale donna naissance à de nombreuses chansons où il est question de vin. Dans les tranchées, les Poilus fredonnaient *L'Ode au Pinard*, composée par Max Leclerc :
« Salut, Pinard de l'Intendance
Qu'a le goût de trop peu ou goût de rien,
Sauf les jours où t'aurais tendance
À puer le phénol ou bien le purin...
Mais qu'y faire ? la soif vous démange.
Salut, Pinard !
Salut Pinard, pur jus des treilles,
Dont un permissionnaire parfois
Nous rapporte une ou deux bouteilles.
C'est tout le pays qui vit en toi.
Dès qu'on a bu les premières gouttes
Chacun retrouve en soi son patelin...
Et l'on s'sent chaud sous les paupières.
Salut, Pinard ! »

*La Madelon*, qui n'était pas à l'origine une chanson de soldats, célèbre les joies du vin. Écrite par Louis Bousquet sur une musique de Camille Robert, elle remporta un immense succès lorsqu'elle fut interprétée par Bach au théâtre des Armées en 1914. À tel point que certains régiments alliés croyaient même que c'était *La Marseillaise* !

Elle lança le style du comique troupier avec un interprète en tenue de soldat :
« Pour le repos, le plaisir du militaire,
Il est là-bas à deux pas de la forêt
Une maison aux murs tout couverts
De lierre,
« Aux Tourlourous » c'est le nom
Du cabaret.
La servante est jeune et gentille,
Légère comme un papillon ;
Comme son vin son œil pétille,
Nous l'appelons la Madelon.
Nous en rêvons la nuit, nous y pensons le jour
Ce n'est que Madelon
Mais pour nous c'est l'amour.

« Quand Madelon... », chanson-marche de Polin Bach.

À droite : Alcazar d'été, *Jules Chéret (1836-1932).*

Quand Madelon vient nous servir à boire,
Sous la tonnelle on frôle son jupon
Et chacun lui raconte une histoire,
Une histoire à sa façon. »

À la fin de la chanson, un caporal veut épouser Madelon, qui lui répond en souriant :
« Tu n'auras pas ma main
J'en ai bien trop besoin pour leur verser du vin. »

En novembre 1918, Lucien Boyer et Charles Borel-Clerc lancèrent *La Madelon de la Victoire* qui fut chantée par Maurice Chevalier au Casino de Paris en 1918 et, plus tard, par bien d'autres interprètes. La chanson fut même adaptée en anglais.
« Madelon, emplis mon verre,
Et chante avec les Poilus :
Nous avons gagné la guerre,
Hein crois-tu qu'on les a eus !
Madelon, ah ! verse à boire,
Et surtout n'y mets pas d'eau !
C'est pour fêter la victoire,
Joffre, Foch et Clemenceau ! »
L'état d'esprit n'était évidemment pas le même chez le pacifiste Montéhus qui, en 1922, écrivit *La Butte Rouge* (en fait la butte de Bapaume en Champagne) pour dénoncer les ravages de la guerre :
« La butte rouge, c'est son nom, l'baptême s'fit un matin
Où tous ceux qui grimpaient roulaient dans le ravin.
Aujourd'hui y'a des vignes, il y pousse du raisin,
Qui boira d'ce vin là, boira l'sang des copains… »

Enfin, à la veille de la deuxième guerre mondiale, Jean Boyer tentait de montrer dans sa chanson *Ça fait d'excellents Français* que, malgré les divisions, les grèves et le Front populaire, les Français restaient unis… grâce au vin et au tabac !
« Et tous ces gaillards,
Qui pour la plupart,
Prenaient des cachets, des goutt's et des mixtures
Les v'là bien portants,
Tout comme à vingt ans,
D'où vient ce miracle-là ?
Mais du pinard et du tabac ! »
(Éditions Salabert, 1939).

La guerre s'annonçait malheureusement inéluctable depuis le début des années trente. La chanson de Paul Colline *On stocke*, écrite en 1932, est d'ailleurs prémonitoire :
« Y a des caravan's de tonneaux
En stock !
Pleins de bourgogne et de bordeaux
En stock !
Y a des piscines de vouvray,
Des océans de muscadet,
Mais on boit d'l'eau du robinet !
On stocke ! »

## On n'a pas tous les jours vingt ans

Les Français n'apprécièrent pas l'austérité des dernières années du règne de Louis XIV et le firent savoir en chanson :
« Prétends-tu nous rendre dévôts
Et bannir la bouteille ?
Crois-moi, Louis, vis en repos
Et va baiser la vieille ! »

Lorsque Louis XV (encore bien-aimé) tomba malade, tout Paris but à son rétablissement. Lorsqu'il guérit, on but encore en chantant :
« Verse-moi, Piarrot, du vin ;
Ah ! que j'ons eu du chagrin !
J'étions en capilotade
De voir notre roi malade…
Lampons, camarades, lampons ! »

La naissance d'un dauphin était aussi l'occasion de beuveries :
« En septembre il a paru,
C'est le mois du bois tortu,
Il portera bonne chance
Au vignoble de France,
Lampons, camarades, lampons ! »

Même le curé de Pommard était de la partie, célébrant en 1729 la naissance du fils de Louis XV :
« Sans parler ici du Champagne
Prenne qui voudra, pour sa part,
Le Beaune, le Nuits, le Chassagne,
Pour moi, je m'en tiens au Pommard.
De ce nectar, bouteille pleine,
Pour vos glouglous dites sans fin :
Vive le Roi, vive la Reine ,
Vive Monseigneur le Dauphin ! »

Non loin des guinguettes, c'est sur le boulevard du Temple que l'on trouvait, durant les années 1750, la jolie Fanchon. Elle chantait en s'accompagnant d'une vielle et passait pour être savoyarde. La légende en fit une dame de bonne fréquentation, enrichie par la pratique de la chanson. En fait, selon la biographie établie par Jal en 1867, Françoise Chemin était probablement parisienne de naissance, elle était jolie mais pauvre. Elle se maria mais son mari la quitta, elle dut élever seule ses enfants. Dans les cafés et cabarets, elle chantait des couplets grivois, tenait des propos honteux, se grisait de vin et de liqueurs et livrait ses charmes avinés aux officiers. Elle se faisait souvent arrêter par la police, séjournait régulièrement en prison, s'enivrait chaque jour, insultait les gens qui lui déplaisaient… Elle mourut on ne sait quand, oubliée et ignorée. De cette histoire naquit la chanson bien connue, *Fanchon*, dont les paroles sont attribuées au comte général A.C. de Lassalle :
« Amis, il faut faire une pause
J'aperçois l'ombre d'un bouchon
Buvons à l'aimable Fanchon
Chantons pour elle quelque chose.
Ah ! Que son entretien est doux !
Qu'elle a de mérite et de gloire !
Elle aime à rire, elle aime à boire
Elle aime à chanter comme nous
Elle aime à rire, elle aime à boire
Elle aime à chanter comme nous, oui comme nous.

Amis il nous faut faire pause,
J'aperçois l'ombre d'un bouchon ;
Buvons à l'aimable Fanchon,
Pour elle faisons quelque chose :
Ah ! que son entretien est doux,
Qu'elle a de mérite et de gloire ;
Elle aime à rire elle aime à boire,
Elle aime à chanter comme nous.

Fanchon quoique bonne chrétienne,
Fut baptisée avec du vin ;
Un allemand fut son parrain,
Une bretonne sa marraine.
Ah ! que son entretien est doux,
Qu'elle a de mérite et de gloire ;
Elle aime à rire elle aime à boire,
Elle aime à chanter comme nous.

Elle préfère une grillade,
Au repas le plus délicat ;
Son teint prend un nouvel éclat,
Quand on lui verse une rasade.
Ah ! que son entretien est doux,
Qu'elle a de mérite et de gloire ;
Elle aime à rire elle aime à boire,
Elle aime à chanter comme nous.

Si quelquefois elle est cruelle,
C'est quand on lui parle d'amour ;
Mais moi je ne lui fait la cour,
Que pour m'enivrer avec elle.
Ah ! que son entretien est doux,
Qu'elle a de mérite et de gloire.
Elle aime à rire elle aime à boire.
Elle aime à chanter comme nous.

Un jour le voisin Lagrenade,
Lui mit la main dans son corset ;
Elle riposta d'un soufflet,
Sur le museau du camarade.
Ah ! que son entretien est doux,
Qu'elle a de mérite et de gloire ;
Elle aime à rire elle aime à boire,
Elle aime à chanter comme nous.

Fanchon quoique bonne chrétienne
Fut baptisée avec du vin
Un bourguignon fut son parrain
Une bretonne sa marraine. »

Le Second Empire apporta son lot de chansons idiotes dont les refrains stupides tout droit sortis des cafés-concerts étaient répétés en boucle par la foule. En 1881, à L'Alcazar d'été, la vedette Paulus chantait *Le P'tit bleu* :
« Je n'aime pas les crus d'Espagne
Ces vins épais qui support'nt l'eau ;
J'ai peu d'estim' pour le Champagne
D'Suresn's je préfère un bon broc.
Sans mépriser le vieux Bourgogne
Le Mâcon, le Beaune et l'Chablis,
C'que j'prends pour me rougir la trogne
C'est l'vin des environs d'Paris. »

À L'Eldorado, en 1886, il interprétait « En revenant de la revue » :
« … Bientôt d'Longchamp on foul'la p'louse,
Nous c'mençons par nous installer,
Puis j'débouch'les douz'litr's à douze
Et l'on s'met à saucissonner.
Tout à coup, un cri' :
Viv' la France ! »

Même le vin ordinaire avait droit aux honneurs des chansonniers. Gustave Nadaud écrivit en effet, en 1887, une *Chanson pour le vin ordinaire* :
« Tu ne viens pas de la côte dorée
Qui de Dijon court jusqu'au Beaujolais ;
Tu n'es pas né dans la plaine altérée
Où le Médoc mûrit pour les Anglais.
Un nom pompeux ne te fait pas connaître ;
Tu n'as pas eu de médaille au concours.
Tu resteras aux bords qui t'ont vu naître
Vin ordinaire, ami de tous les jours. »

Page de gauche : Fanchon, *article de journal.*

Dans les cabarets parisiens, Gaston Couté interprétait ses chansons comme le très romantique *Sur le Pressoir* :
« Sous les étoiles de septembre
Notre cour a l'air d'une chambre
Et le pressoir d'un lit ancien
Grisé par l'odeur des vendanges
Je suis pris d'un désir étrange
Né du souvenir des païens.
Couchons ce soir sur le pressoir
Et tous les deux faisons cette folie
Couchons ce soir sur le pressoir
Margot, Margot ma jolie. »

Les affres de la première guerre mondiale passés, on reprit ses habitudes dans les guinguettes et les *dancing* en fredonnant *Mon tour de java* :
« Moi tous les soirs à c't'heur'-là j'fais qu'un saut
Et j'prends viv'ment la p'tit' rue qu'est derrière
L'églis' qui donn' su'l'boul'vard Sébasto
Ya un dancing je vous jur' qu'est pépère
La l'tango, l'fox-trot ne sont d'mise
Les costauds y guinch'nt en bras d'chemise
On liche un bol de pinard et l'on va
Comme un rupin fair' son tour de java ! »

Le vin était présent jusque dans les chansons d'événements sportifs comme le Tour de France. Ainsi, la chanson officielle du Tour 1932 « *P'tit gars du Tour* » pourrait surprendre aujourd'hui. Elle est signée Lucien Cazalis :
« … Ne fais pas l'nigaud
tu mettras dans ton eau
un peu d'vin de Bordeaux
Ça émancipe ! »

Les moments heureux de la vie étaient l'occasion d'écrire de belles chansons louant les plaisirs simples. Ainsi, le succès de Berthe Sylva *On n'a pas tous les jours vingt ans* (paroles de Fernand Pothier, musique de Léon Raiter) date de 1934 :

*Sylva Berthe (1885-1941), chanteuse française.*

Carte réclame : Asnières.

« L'atelier de couture est en fête,
On oublie l'ouvrage un instant,
Car c'est aujourd'hui qu'Marinette
Vient juste d'avoir ses vingt ans.
Trottins, petites mains et premières
Ont tous apporté des gâteaux
Et Marinette, offrant le porto,
Dit joyeusement, en levant son verre :
On n'a pas tous les jours vingt ans,
Ca nous arrive une fois seulement… »

À la veille du deuxième conflit mondial, les guinguettes étaient encore très actives. La java *C'est la guinguette*, écrite en 1935 par Camille François sur une musique de Gaston Claret, en témoigne :
« Le Bourgogne est un'merveille
Il chauffe et ragaillardit…
C'est du soleil en bouteille
Même quand on en boit la nuit »

La mise en bouteille pouvait aussi donner lieu à des chansons amusantes comme ce sketch fox-trot de Georgius sur une musique de Trémolo, datant de 1937 :
« Y a d'la mise en bouteille au château,
Du bon jus de nos treilles de Bordeaux.
Mais l'bon vin, quand il fait chaud,
Fait bouillonner du chapeau.
Y'a d'la mise en bouteilles au château. »

En 1938, la fragile Fréhel se donnait un air bagarreur pour chanter *La môme catch-catch* (paroles de Maurice Vandair, musique de Maurice Alexander) :
« Le grand écart et je crache à quinze pas,
je bois du gros qui tache,
c'est moi la môme catch catc………che ! »

## Ah le petit vin blanc !

Les années de guerre laissèrent quelques chansons gaies, sans doute pour faire oublier aux Français la dureté de la vie quotidienne durant l'Occupation.
*La Romance de Paris*, écrite en 1941 par Charles Trénet pour le réalisateur de cinéma Jean Boyer, évoque les amoureux qui :
« buvaient aussi dans les guinguettes
Du vin blanc qui fait tourner la tête. »

Elle connut un succès phénoménal et fut reprise par de grands interprètes tels que Joséphine Baker, Lina Margy, Tino Rossi, Mouloudji, Lucien Jeunesse, Colette Renard, Francis Lemarque, Pascal Sevran, Patrick Bruel…
Un an plus tard, Trenet récidivait avec *La marche des jeunes* :
« Y a des cailloux sur les chemins,
Y a du vent qui court dans la plaine
Y a des cailloux sur les chemins
Mais à l'auberge y a du vin !
Y a du bon vin ! »

Mais le grand, le très grand succès de ces années-là fut assurément *Ah le petit vin blanc* que Jean Dréjac écrivit sur un coin de nappe d'une guinguette de Champigny-sur-Marne après avoir gagné au tiercé. Charles Borel-Clerc composa la musique.
D'abord chantée au début de l'été 1943 par Michèle Dorlan à la télévision expérimentale que les Allemands avaient installée dans les futurs studios de la rue Cognacq-Jay à Paris, elle fut ensuite enregistrée par Lina Margy chez Odéon. Son refrain devint alors un hymne populaire à la Libération, repris par tous les accordéonistes, joué dans les brasseries et les bals. La chanson fut d'ailleurs interprétée par les plus grands : Colette Renard, Tino Rossi, Francis Lemarque, Jean Marc Thibault… jusqu'à Jean Dréjac lui-même.

Musique *par Abel Truchet (1857-1918), François Antoine Vizzavona (1876-1961).*

Nature-morte aux instruments de musique *par Pieter Claesz (vers 1597-1660).*

*Ah le Petit Vin Blanc*
(Copyright Les nouvelles éditions Méridian, 1943)

« Voici le printemps
La douceur du temps
Nous fait des avances
Partez mes enfants
Vous avez vingt ans
Partez en vacances
Vous verrez agiles,
Sur l'onde tranquille
Les barques dociles
Au bras des amants
De fraîches guinguettes
Des filles bien faites
Les frites sont prêtes
Et y'a du vin blanc…

*Refrain*
Ah ! le petit vin blanc
Qu'on boit sous les tonnelles
Quand les filles sont belles
Du côté de Nogent
Et puis de temps en temps
Un air de vieille romance,
Semble donner la cadence
Pour fauter, pour fauter
Dans les bois, dans les prés
Du côté, du côté de Nogent.

Suivons le conseil
Monsieur le Soleil
Connaît son affaire.
Cueillons, en chemin,
Ce minois mutin
Cette robe claire.
Venez belle fille
Soyez bien gentille
Là, sous la charmille,
L'amour nous attend.
Les tables sont prêtes
L'aubergiste honnête,
Y'a des chansonnettes
Et, y'a du vin blanc…

À ces jeux charmants
La taille souvent
Prend l'avantage.
Ca n'est pas méchant,
Ca finit tout l'temps
Par un mariage.
Le gros de l'affaire,
C'est lorsque la mère
Demande, sévère
À la jeune enfant :
Ma fille raconte
Comment triste honte,
As-tu fait ton compte
Réponds, je t'attends…
*Refrain*
Car c'est toujours pareil
Tant qu'y'aura du soleil
On verra les amants au printemps
S'en aller pour fauter
Dans les bois, dans les prés,
Du côté, du côté de Nogent. »

Après la Guerre, les guinguettes reprirent du service comme en témoigne la valse musette *Le Retour des Guinguettes* de Roger Vaysse :
« Voici le retour des guinguettes
À Nogent comme à Robinson
(…) Tous les cœurs battent gaiement,
Sur le rythme charmant,
De notr'petit vin blanc. »

Mais les temps avaient changé…Les guinguettes fermèrent leurs volets, malgré la nostalgie d'un Jean Dréjac qui fit chanter à Marcel Amont *Au Bal de ma Banlieue* :
« À la saison des prun's
On y vient canoter
Et le soir à la brune
Boire un aligoté
Où calmer sa fringale
D'une truite en passant
Sur la table bancale
Où dînait Maupassant. »

## Les délires bachiques des chansonniers du Caveau

L'activité de la Société bachique et chantante du Caveau débuta en 1730. Au-delà du simple rendez-vous de bons buveurs, le Caveau fut à l'origine de la chanson moderne avec des couplets, un refrain et une musique inédite.

Les chansonniers de la première période (1730 à 1743) chantèrent le vin sans complexe, comme en témoigne cet *Air à boire* d'Alexis Piron :
« Amour, adieu pour la dernière fois.
Que Bacchus avec toi partage la victoire ;
La moitié de ma vie a coulé sous tes lois ;
J'en passerai le reste à boire. »

On connaît aussi *La bouteille de l'obscur Panard*, célèbre poème en forme de bouteille, dont les derniers vers évoquent la musique :
« Ma lyre, de ma voix accompagnant le son,
Répétera cent fois cette aimable chanson :
Règne sans fin, ma charmante bouteille ;
Règne sans cesse mon cher flacon. »

Charles Panard est aussi l'auteur d'un *Bégayeur* fort joyeux que n'aurait pas renié Bobby Lapointe :
« Pour nous mettre en train,
Trin, trin, trin, trin,
Trinquons chez Grégoire ;
Avec le bon vin,
Vain, vain, vain, vain
Vainquons l'humeur noire ;
La phi, phi, phi, phi losophie
Permet de boire aujourd'hui ;
Ce bon jus, jus justifie
L'amour que l'on a pour lui. »

Plus mondain que Panard, Charles Collé évoqua les lieux de plaisirs parisiens dans *Je vais vous croquer le tableau* :
« Je vais vous croquer le tableau
D'une guinguette folle ;
C'est là qu'on a du vin nouveau
Qu'on rit, qu'on batifole
(…) L'on danse au son du tambourin,
L'ont fait la cabriole… »

De la deuxième période du Caveau, relancé en 1762, on peut retenir la chanson du chevalier de Piis, *La raison épicurienne*, qui prend une saveur toute particulière quand on sait que ce royaliste se maintint durant six régimes politiques et fut même secrétaire général de la préfecture de police de 1800 à 1815 :

« ... Je descendrai, d'un air brave
Dans ma dernière maison
Comme aujourd'hui dans ma cave,
Pour y perdre la raison. »

Les troisième et quatrième périodes du Caveau (Les Dîners de Vaudeville de 1796 à 1801 et La Société Épicurienne du Caveau Moderne de 1805 à 1815), furent très prolifiques. Armand Gouffé par exemple fit *L'Éloge de l'Eau*... uniquement parce qu'elle permettait de faire pousser la vigne :

« Il pleut, il pleut, enfin !
Et la vigne altérée
Va se voir restaurée
Par ce bienfait divin ;
De l'eau, chantons la gloire ;
On la méprise en vain :
C'est l'eau qui nous fait boire
Du vin ! »

En 1809, une joute oratoire fut lancée pour faire l'éloge du rond, du long et du court. Le chevalier de Piis dressa *Les Avantages du rond* en se référant au vin :

« ... Les Chevaliers les plus fameux
Étaient ceux de la Table Ronde :
Nous nous battons déjà comme eux ;
Comme eux que Bacchus nous seconde !
Buvons, chantons, dansons en rond. »

Quant à Marc Antoine Désaugiers, il chanta un *Éloge du long* fort orienté :

« ...Sur tous les vins c'est au Bordeaux
Que je donne la préférence ;
Et le rouge dieu des tonneaux,
Pour signaler son excellence,
L'honora d'un bouchon plus long. »

Désaugiers écrivit de nombreuses chansons sur le vin que Pierre Larousse qualifiait de « délires bachiques », lui reprochant de se consacrer trop exclusivement « à la victuaille et au jus de la treille ». Il est ainsi l'auteur de

Portrait de Désaugiers *par Jean-Baptiste Isabey (1767-1855).*

Page de gauche : Intérieur de cabaret *par David Ryckaert III, le Jeune (1612-1661).*

*Couplets à mon verre* qui ne nécessitent pas de longues explications et d'un *Délire Bachique* incitant à profiter de la vie avant qu'elle ne s'en aille :

« Quand on est mort, c'est pour longtemps,
Dit un vieil adage
Fort sage ;
Employons donc bien nos instants,
Et contents,
Narguons la faux du Temps.
(...) Bouchons, volez !
Flacons, coulez !
Buveurs, sablez !
Un dieu sert les ivrognes. »

Invité par Désaugiers à participer aux réunions du Caveau de la dernière période, Pierre-Jean Béranger commença par se fondre dans le moule maison des chansons bachiques, tout en y apportant une touche contestataire personnelle. C'est grâce au Caveau que le créateur de la chanson mi-philosophique, mi-politique, mi-satirique se fit connaître. En 1815, il composa *Le Nouveau Diogène* :
« Diogène,
Sous ton manteau,
Libre et content, je ris et bois sans gêne,
Diogène,
Sous ton manteau,
Libre et content, je roule mon tonneau. »

Béranger composa également en 1817 *La Vivandière*, rappelant les campagnes de Napoléon, dont il était un partisan. Elle fut un temps interdite par la police :
« Vivandière du régiment,
C'est Catin qu'on me nomme.
Je vends, je donne et bois gaiement
Mon vin et mon rogomme*.
(...) J'ai pris part à tous vos exploits
En vous versant à boire... »
** Le rogomme est une liqueur forte.*

En 1818, il rédigea *La Sainte Alliance* pour célébrer l'évacuation du territoire français par les grandes puissances européennes, mettant fin aux années d'isolement héritées de la Révolution et de l'Empire :
« ... Pour l'étranger coulez, bons vins de France :
De sa frontière il reprend le chemin.
Peuples, formons une sainte-alliance,
Et donnons-nous la main. »

Le Caveau poursuivit son activité avec quelques interruptions jusqu'en 1827, année du décès de Désaugiers. Il réapparut de 1834 à 1837 avant de sombrer à nouveau. Sa disparition n'empêcha heureusement pas les chansonniers de poursuivre leur activité. En 1848, Béranger appelait à trinquer à la liberté, à l'égalité et à la fraternité de la jeune République :
« Vendangeons et Vive la France !
Le monde, un jour, avec nous trinquera.
Amis, chez nous, la gaieté renaîtra.
Ah, ah, la gaieté renaîtra. »

## Buvons à l'indépendance du monde

C'est certainement dans les goguettes, ces sociétés populaires qui se développèrent de 1815 à 1848, que la chanson contestataire vit le jour. Pierre Laujon créa, en 1806, une chanson qu'il appela *Goguette* :
« Versez, amis, sûr que le vin
Met l'esprit en goguette.
(...) Tout plaisir doit connaître un frein ;
L'ivresse offense la nature ;
L'on sent bien mieux le prix du vin
Quand la gaîté nous la mesure. »

Paul Émile Debraux fit souvent référence au vin. Il l'évoqua par exemple dans *Le Délire Bachique* pour mieux faire comprendre le dénuement des plus pauvres :
« Tant que le vin ira son train,
Faudra boire
À sa gloire ;
Car il nous tient, ce vin
Divin,
Sans bois, sans charbon, sans réchaud
Chaud. »

Parmi les chanteurs engagés du XIXe siècle, on peut bien sûr citer le Lyonnais Pierre Dupont, célèbre pour son *Chant des ouvriers* que Baudelaire qualifia de « cri de ralliement des classes déshéritées » :
« Aimons-nous, et quand nous pouvons
Nous unir pour boire à la ronde,
Que le canon se taise ou gronde,
Buvons,
À l'indépendance du monde ! »

Il développa un genre de chanson rustique, très populaire à la fois auprès des ouvriers que de la bourgeoisie. La musique de son *Champ des Paysans* servit même à Jean-Baptiste Clément (l'auteur du *Temps des Cerises*) pour sa chanson sur la commune de Paris *La Semaine sanglante*.

Pierre Dupont est aussi l'auteur de *Ma Vigne*, une chanson complètement oubliée aujourd'hui et qui fut pourtant, selon l'aveu même de Pierre Larousse, un véritable « tube » en pleine flambée nationaliste du début des années 1840.

« Cette côte à l'abri du vent,
Qui se chauffe au soleil levant
Comme un vert lézard, c'est ma vigne ;
Le terrain en pierre à fusil
Résonne et fait feu sous l'outil ;
Le plant descend en droite ligne
Du fin bourgeon qui fut planté
Par notre bisaïeul Noé.
*Refrain*
Bon Français, quand je vois mon verre
Plein de son vin couleur de feu,
Je songe, en remerciant Dieu,
Qu'ils n'en ont pas dans l'Angleterre.
Au printemps, la vigne en sa fleur
D'une fillette a la pâleur ;
L'été, c'est une fiancée
Qui fait craquer son corset vert ;
À l'automne tout s'est ouvert :
C'est la vendange et la pressée ;
En hiver, pendant son sommeil,
Son vin remplace le soleil,
*Refrain*
J'aime ma vigne en vieux jaloux :
Gare à ceux qui font les yeux doux
Et voudraient caresser la belle.
Mon sel pince le maraudeur,
Mais ne touche pas au rôdeur,
Au sorcier noir qui fait la grêle ;
Quand il s'empare d'un coteau,
C'est comme un loup dans un troupeau.
*Refrain*
La cave où mon vin est serré
Est un vieux couvent effondré,
Voûté comme une vieille église.
Quand j'y descends je marche droit,
De mon vieux vin je bois un doigt,
Un doigt, deux doigts… et je me grise.
À moi le mur, et le pilier !
Je ne trouve plus l'escalier.
*Refrain*
La vigne est un arbre divin ;
La vigne est la mère du vin :
Respectons cette vieille mère,
La nourrice de cinq mille ans,
Qui, pour endormir ses enfants,
Leur donne à téter dans un verre.
La vigne est mère des amours,
Ô ma Jeanne, buvons toujours !
*Refrain* ».

L'Enfant à la grappe
*par Pierre-Jean David*
*(1788-1856)*
*dit David d'Angers.*

Baptême de Clovis à Reims le 25 décembre 496 *par François-Louis Dejuinne (1786-1844).*

Au début des années 1840, si les articles de presse étaient de puissants moyens de propagande contre l'annexion de l'Alsace par l'Allemagne, la chanson jouait aussi un rôle très important. Il s'agissait de maintenir la pression contre l'Allemand et préparer les esprits à une guerre de reconquête. Alfred de Musset participa à ce mouvement en écrivant le poème *Le Rhin Allemand* qui fut mis en musique par José Creus :

« (….) Qu'il coule en paix, votre Rhin allemand ;
Que vos cathédrales gothiques
S'y reflètent modestement ;
Mais craignez que vos airs bachiques
Ne réveillent les morts de leur repos
Sanglant. »

## Ça m'émoustille et je pétille !

Dans le domaine de la chanson, le Champagne est de toutes les époques, à commencer par le XVI^e siècle durant lequel un chansonnier évoqua le couronnement de Clovis à Reims par saint Rémi, lequel lui offrit un baril de vin champenois :

« À Clovis, comme il fut notoire,
Ung baril de vin proposa
Et luy dist : « Tu auras victoire
Autant que ce vin durera. »

Sous Charles V, le pays fut dévasté par les Anglais, les vignes saccagées. Eustache Deschamps, huissier champenois du roi, pleurait ainsi son vin perdu et le joli clos qu'il possédait :

« Je fus jadis de terre vertueuse
Nez de Vertuz, païs très renommé
Où il avoit ville très gracieuse
Dont li bons vins sont en maints lieux nommés
(…) Mais dieu merci ! toute plaine de blé
Ont les Anglès bouté le feu dedans !
Deux mille francs m'a leur guerre cousté
J'aray dès or a nom : Brûlé des champs. »

Au XVII$^{e}$ siècle, la mort de la Pompadour rendit le roi Louis XV un peu triste. Cela n'empêcha pas ses amis de continuer à faire la fête, comme le relate le duc de Nivernois :
« Il buvait de l'eau tristement
Auprès de sa compagne,
Nous autres nous chantions gaîment
En sablant le Champagne. »

Les chansonniers du Caveau louèrent bien sûr avec zèle les mérites du Champagne, à commencer par Panard :
« Souvent ce pétillant breuvage
Qu'irrite un trop long esclavage,
Fait sauter le cercle et s'enfuit. »

Charles Collé n'était pas en reste :
« Que Monsieur le cardinal
Règle tout en Allemagne,
Qu'il dispose bien ou mal
Du trône de Charlemagne,
Si j'ai bu du vin de Champagne
Cela m'est égal. »

Le jovial Désaugiers est l'auteur d'un « Panpan bachique » paru en 1809 dans *Le Nouvel Almanach des Muses* :
« Lorsque le Champagne
Fait en s'échappant
Pan, pan
Ce doux bruit me gagne
L'âme et le tympan. »

Quant à Béranger, il l'évoqua dans *Mes cheveux* :
« À longs flots puisez l'allégresse
Dans ces flacons d'un vin mousseux
C'est mon avis, moi de qui la sagesse
À fait tomber les cheveux. »

Le Champagne fut également, durant la Belle Époque, largement présent dans les spectacles de cafés concerts, souvent assez médiocres d'ailleurs. On reprenait en cœur *Ça m'émoustille* de Blondelet et Marchal sur une musique de Spencer :
« Ça m'émoustille
Et je pétille !
Oui je pétille !
Nom d'un pompon !
Ça m'émoustille !
Et je pétille !
Comme un flacon
D'Moët et Chandon ! »

À la fin des années 1880, le célèbre interprète de l'Alcazar d'été, Paulus, gagna les faveurs du public grâce à *Champagne*, une chanson de Delormel et Carnier sur une musique de F. Chandon :
« Fi des vins brûlés de l'Espagne
Et des bières d'Allemagne,
Leurs vins vous grisent lourdement,
Leurs bières nous glacent le sang.
Le vin qui chez nous prend naissance
Rend le cœur aimant et joyeux,
C'est pourquoi le plus généreux
De tous les peuples c'est la France. »

C'est grâce au Champagne qu'Yvette Guibert, chanteuse de café-concert du début des années 1890, remporta du succès avec *Je suis pocharde* (paroles de Louis Byrec) :
« Je suis pocharde,
J'dis des bêtises,
Je suis grise,
Mais ça me regarde
Qu'est-c'que vous voulez que j'vous dise ?
J'suis pocharde ! »
(…) C 'est pas un crim' que d'être'pompette
Et d'aimer le Moët et Chandon. »

Les Maisons de Champagne rivalisaient en effet d'imagination pour séduire les chansonniers, se livrant à une concurrence sans merci. D'où des chansons aux titres évocateurs : *Ruinart-Polka*, *Champagne Mercier*, *Vive le Cliquot*, *J'ai bu du Cliquot*, *Cliquot-Margot* ou encore *La valse du Cliquot* (Delattre et De Nola, musique de Louis Reynal) :
« Un p'tit verr' de Cliquot
C'est bien peu d'chose,
Ca fait voir aussitôt
La vie en rose,
Ce m'rend tout rigolo.
Quand j'suis morose,
J'aime à chanter avec Margot
La valse du Cliquot,
J'aime à chanter avec Margot
La valse du Cliquot. »

*Théâtre d'application : Yvette Guilbert.*

Page de droite : *Jacques Higelin en concert à Paris, 1983.*

Le Champagne n'eut pas du succès qu'en France. Des comédies musicales telles que *Champagne Charlie,* signée George Leybourne, furent créées à Londres, Charlie faisant sans doute référence à Charles Heidsieck, l'homme qui fit découvrir le Champagne aux Américains :
« Champagne Charlie était mon nom
Le Champagne mon péché mignon
Mais de nos jours il est d'bon ton
De boire du Moët et Chandon. »

Après la deuxième guerre mondiale et largement encore aujourd'hui, le Champagne demeure un incontournable de la chanson française. Claude François ne proclamait-il pas dans *C'est comme ça que l'on s'est aimé* ? :
« (…) Et le Champagne coulait à flot
(Tu en as bu un peu)
Oui et toi un peu trop (…) »

Jacques Higelin s'offrait même une coupe sur scène en interprétant *Champagne pour tout le monde* :
« Cocher lugubre et bossu, déposez-moi au manoir…
Et me cherchez sans retard l'ami qui soigne et guérit la folie qui m'accompagne et jamais ne m'a trahi. Champagne ! Champagne ! Champagne ! »

*Recueil de valses, vers 1900.*

Tablée bourguignonne, *Tiré du manuscrit de Valère Maxime : Faits et paroles mémorables,* XV^e^ *siècle.*

## Lou vin ! Lou vin ! Vivo lou vin !

*Hommage de la Provence à Frédéric Mistral, à l'occasion du cinquantenaire de* Mireille *(1859),* Le Petit Journal, *mai 1909.*

Aucun autre vignoble que la Bourgogne n'a produit autant de chansons populaires évoquant le vin. Mais au-delà des traditionnelles chansons à boire (*La Bourguignonne, Sur la route de Dijon*...), on trouve de belles chansons évoquant le vignoble, telle que *La Vigne aux Moineaux* écrite par Jules Combe en 1912 sur une musique de Joseph Sieulle :

« En pleine région bourguignonne
Vivait une famille dont
Toutes les fill's étaient vign'ronnes
Et tous les garçons vignerons.
Comme leur nom c'était " Moineaux "
Les gens chantaient dans le hameau :
Ils sont dans les vignes les Moineaux
Du matin au soir dans les coteaux
Ils récoltent des raisins
Pour en presser les pépins ! »

*La Bourguignonne*, composée en 1831 par Henry Pary sur l'air du *Petit vin d'Argenteuil* est un « standard » du genre, tant son refrain est connu :

« Joyeux enfants de la Bourgogne
Je n'ai jamais eu de guignon
Quand je vois rougir ma trogne,
Je suis fier d'être bourguignon ».

Le Beaujolais est également une région très riche en chansons à boire. Beaucoup de localités ont même leur propre chanson vantant les qualités du cru local et de son vigneron.

Le refrain de *La marche des vignerons du Beaujolais* témoigne de l'esprit qui règne dans ce vignoble :

« O Beaujolais, terre féconde,
Pays des gais et fiers lurons,
Nous t'aimons plus que tout au monde,
Nous qui sommes tes vignerons ! (bis) »

La Provence dispose aussi de ses propres chansons sur le vin, à commencer par *La Coupo santo* dont les paroles sont de Frédéric Mistral.

Cette coupe d'argent, accompagnée d'un barillet de vin, fut en effet offerte aux Provençaux par les Catalans pour les remercier d'avoir accueilli leur poète Victor Balaguer, chassé de Madrid. Les Provençaux envoyèrent à leur tour aux Catalans un tonnelet de Châteauneuf du Pape.

« Prouvençau, veici la coupe
Que nous vendi Catalan :
Adereng beguen en troupo
Lou vin pur de noste plant. »
*(Provençaux voici la coupe*
*Qui nous vient des Catalans :*
*Tour à tour buvons ensemble*
*Le vin pur de notre cru).*
Coupo santo e versanto
Vuejo a plen bord,
Vuejo a bord lis estram bord
Et l'en avans di fort ! »
*(Coupe sainte*
*Et débordante*
*Verse à pleins bords,*
*Verse à flots*
*Les enthousiasmes*
*Et l'énergie des forts !).*

On trouve par ailleurs en Provence une multitude de chants pittoresques sur le vin dans les pastorales, ces pièces traditionnelles retraçant des scènes d'inspiration religieuse. Ainsi, *Vivo lou vin* tiré de la pastorale *L'oulo d'Arpian* célébrant la Nativité, est typique du genre :

« Lou vin ! lou vin ! vivo lou vin !
Es la metouro di tisano. »
*(Le vin ! le vin ! vive le vin !*
*C'est la meilleure des tisanes).*

Dans le Val de Loire, un important travail de collecte de chansons anciennes fut réalisé à partir des années 1973, notamment en Vendée. Près de 34 000 pièces musicales furent ainsi enregistrées dans ce seul département !

L'Abus de confiance, *lithographie de Grenier.*

*Bénissons le vin de Sigournais* fait par exemple référence à un vieux cépage, la Folle blanche, également planté en Bretagne et dans le Bas-Poitou avant le phylloxéra. Il se développa au XVII^e^ siècle à la demande des marchands hollandais qui recherchaient des vins souples et moins chers que ceux d'Anjou et de Touraine. La chanson cite également le Franc blanc et le Ragoûtant (négrette) :
« Vive la Folle Blanche
Au petit vin folot
Qui met dans nos caveaux
La gaieté du dimanche.
(...) La côte vendéenne
Nous donne le Franc Blanc
Pinot et Ragoûtant
Mais qu'à cela ne tienne. »

*Buvons ma cousine* fut publié pour la première fois dans l'Ouest en 1927. C'est l'histoire d'une femme alcoolique qui désespère son mari :
« Buvons donc ma cousine de cinq à six chopines
Buvons tant que nous y sommes car mon mari moissonne
Buvons du vin nouveau qui est dans le tonneau. »

La chanson se poursuit par l'arrivée du mari qui trouve sa femme au lit, elle a vomi, elle lui réclame encore du vin alors que le tonneau est vide... Il est en colère, la traite d'ivrogne et se lamente :
« Toi et puis la voisine vous êtes des coquines
Toi et puis la voisine vous êtes deux coquines
Vous buvez tout mon bien mes enfants n'auront rien. »

*Nous étions trois mariniers* fait allusion aux joyeux mariniers qui remontaient la Loire jusqu'à Orléans avant d'emprunter les canaux permettant de rejoindre la Seine :
« Nous étions trois mariniers
Qui voulions bien nous amuser
S'en furent à la Courtille
Là ousque l'vin pétille. »

Lorsqu'ils arrivent, l'hôtesse leur propose du pain, du canard, une anguille en matelote, des pommes de rivière, des poires blanquettes, le meilleur vin et, pour finir, de coucher dans la plus haute chambre « avec votre servante » !

Cette chanson est connue au Québec sous le nom de *Nous étions trois capitaines*. Les émigrés abordant les terres françaises d'Amérique venaient en effet souvent de l'Ouest de la France. Ils entretinrent leurs traditions et leur folklore, à tel point que l'université de Laval (Québec) dispose d'enregistrements de chansons sur le vin presque inconnues aujourd'hui en France. C'est le cas de *À la cave, à la cave, à la cave* :
« Du temps que mon papa vivait
Les gens buvaient de la bière
Moi je bois du vin tout plein verre
Je suis d'son caractère. »

De la région bordelaise, on peut citer une chanson de marins, *Ils étaient trois matelots*, qui rappelle combien l'exportation de vin vers les Flandres était importante à partir du XIII^e^ siècle :
« Il était trois matelots
De la ville de Bordeaux,
O hisse ! aho !
Ils s'en allaient en Flandre,
Au pays de Hollande,
Y porter des tonneaux
O hisse ! aho !
De bon vin de Bordeaux. »

## Grand Dieu ! Quel métier de galère

Les régions viticoles disposent en général d'une chanson dédiée à saint Vincent, patron des vignerons, y compris d'ailleurs celles qui n'ont plus aujourd'hui un cep de vigne. En Seine-et-Marne par exemple, en allant offrir une brioche dorée et une fiole de vin à leur saint patron, les vignerons chantaient :
« Saint Vincent notre patron
Protégez nos bourgeons
Des brouillards et des glaçons. »

Les chansons évoquant le travail du vigneron sont assez rares. On connaît celle-ci, publiée par Attaignant en 1542 :
« Chantons la serpette !
Tous vignerons ont en elle recours
C'est le secours
Pour tailler la vignette
Ô serpillette, ô serpillonnette… »

En Bourgogne et en Champagne, au XVIIIe siècle, on se plaignait de la dureté du métier :
« Grand Dieu ! quel métier de galère
Que d'être vigneron
Toujours à goler la terre
Dans toutes les saisons. »

Gustave Nadaud mit même en musique la fermentation :
« Laissez faire le vin nouveau
Il travaille encore et fermente,
Rejetant sa lave écumante
Et baissant son propre niveau.
Il se purge de nos souillures :
Comme le cœur loyal et sain
Il sait repousser de son sein
Les écumes impures. »

Enfin, dans le Mâconnais, on se souvient avec douleur du phylloxéra :
« Soit maudit, ô Phylloxéra !
Ô fléau qui nous désespère !
Si la vigne meurt, ô misère !
Sa fille, la chanson, mourra.
Si tu nous causes la disette
De ce vin que nous bénissons
Où puiserai-je mes chansons ?
Il faudra briser ma musette !
Sur ton sol dévasté
Ô ma France !
Plus de chants d'espérance
Et de fraternité…
C'est fini de notre gaîté ! »

Saint Vincent.

Heres eiectus de vinea occiditur

Math xxi° Mar. xii° et luce xx°

## Et nous pauvres séminaristes…

Acteurs du renouveau de la viticulture et fondateurs de la musique occidentale, les religieux ne furent guère récompensés par les chansons qui stigmatisent bien souvent leur propension à boire, telle cette chanson se moquant des règles monacales :
« Boire à la Capucine,
C'est boire pauvrement ;
Boire à la Célestine,
C'est boire largement ;
Boire à la Jacobine,
C'est chopine à chopine ;
Mais boire en Cordelier,
C'est vider le Cellier. »

La chanson vendéenne *Les religieux qui boivent* évoque le Saint Père, les cardinaux, les évêques, les curés, les vicaires… tous boivent sauf les pauvres séminaristes car le supérieur ne leur donne pas de vin !
« Le Saint Père dans sa tour de Rome
Boit du vin de tous les arômes
Et pourquoi n'en boirait-il pas
Puisque le Seigneur le fit à Cana
Pourvu qu'il chante
Alléluia, alléluia, alléluia
Alléluia.
(…) Et nous pauvres séminaristes
Nous n'en buvons pas et nous sommes fort tristes
Et pourquoi n'en buvons-nous pas
C'est qu'le supérieur ne nous en donne pas
Pourtant on chante… »

Page de gauche : Le Miroir de l'humaine salvation.

## Qu'ils sont doux, vos petits glouglous

Le répertoire des chansons à boire est extrêmement large avec ses grands classiques : *C'est à boire, à boire, à boire* (1733), *Chevaliers de la table ronde* (1749), *Boire un petit coup*, *Il est des nôtres*…. Certains groupes en ont fait leur spécialité comme Les Compagnons de la Barrique ou les Joyeux Buveurs mais des interprètes français tels que Aristide Bruant, Raymond Souplex, Les Charlots ou encore Mouloudji s'y sont essayés, parfois avec succès.

La chanson à boire n'est pas obligatoirement lourde et triviale. Ainsi Molière dans *Le Médecin malgré lui*, en fait chanter une très belle à Sganarelle :
« Qu'ils sont doux,
Bouteille jolie,
Qu'ils sont doux
Vos petits glouglous ;
Mais mon sort ferait bien des jaloux,
Si vous étiez toujours remplie.
Ah, bouteille, ma mie,
Pourquoi vous videz-vous. »

Molière est aussi l'auteur d'airs bachiques dont la musique était parfois composé par Lully comme cet *Air* datant de 1668 :
« Buvons, mes chers amis, buvons,
Le temps qui fuit nous y convie ;
Profitons de la vie
Autant que nous pouvons.
Quand on a passé l'onde noire
Adieu le bon vin, nos amours ;
Dépêchons-nous de boire,
On ne boit pas toujours… »

Dans *Les Illusions Perdues*, Balzac contraint son héros, Lucien de Rubempré, à rédiger des chansons à boire pour payer l'enterrement de son amie Coralie. L'une d'elles n'est pas sans charme :
« Hippocrate à tout bon buveur
Promettait la centaine.
Qu'importe, après tout, par malheur,
Si la jambe incertaine
Ne peut plus poursuivre un tendron,
Pourvu qu'à vider un flacon
La main soit toujours leste ?

Repas d'artistes *par Gonzales Coques (1614-1684).*

Si toujours en vrais biberons,
Jusqu'à soixante ans nous trinquons,
Rions ! buvons !
Et moquons-nous du reste. »

La *Chanson à boire* d'Hector Berlioz fait partie des *Neuf Mélodies* (dites Mélodies irlandaises) tirées des textes de Thomas Moore (traduction de Thomas Gounet). Il s'agit d'une chanson pour ténor solo, chœur d'hommes et piano, exprimant une extrême tristesse et le mal d'amour :
« Chœur
Amis, la coupe écume !
Que son feu rallume
Un instant nos cœurs !
Du bonheur ce gage
N'est que de passage.
Noyons nos douleurs !
Ténor
Oh ! Ne crois pas qu'à mon âme
Les tourments soient épargnés !
Mes chants, échos de ma flamme,
Seront toujours de larmes imprégnés.
Ce sourire qui rayonne
Sur mon front sombre et pensif
Est semblable à la couronne
Dont on pare un roi captif… »

En 1932, Maurice Ravel s'essaya aussi au genre en composant *Don Quichotte à sa Dulcinée*, qui comprend une chanson romanesque, une chanson épique et une chanson à boire sur des poèmes de Paul Morand.

Il s'agit de la dernière œuvre achevée de Ravel, elle était destinée au film *Don Quichotte* de l'autrichien Georg Wilhelm Pabst. Mais c'est finalement les chansons d'un autre compositeur qui furent retenues.
« Foin du bâtard, illustre Dame,
Qui pour me perdre à vos doux yeux
Dit que l'amour et le vin vieux
Mettent en deuil mon cœur, mon âme !
Je bois à la joie !
La joie est le seul but
Où je vais droit…
Lorsque j'ai bu !
À la joie, à la joie !
Je bois à la joie… »

## Y'a pas de vin chez nous

Tous les enfants connaissent *Dansons la capucine* dont l'auteur, Jean-Baptiste Clément a également écrit *Le temps des cerises* et *La semaine sanglante*. Après le pain, les paroles évoquent le vin :
« Dansons la capucine
Y' a pas de vin chez nous
Y'en a chez la voisine
Mais ce n'est pas pour nous. »

Probablement composé vers 1790 pour se moquer de Louis XVI, *Le Bon Roi Dagobert* dans sa version complète laisse apparaître une légère faiblesse pour le vin :
« Le bon roi Dagobert
Ayant bu de travers ;
Le grand saint Éloi
Lui dit : « Ô mon roi,
Votre majesté
Va tout de côté.
- Eh bien ! lui dit le roi,
Quand t'es gris, marches-tu plus droit ? »

Le Repas de Sancho, gouverneur de l'île de Barataria *par Charles Joseph Natoire (1700-1777).*

## Le vin des copains d'abord

Après la guerre, Boris Vian, ingénieur, romancier et trompettiste, lança un style de chanson amusante sur des airs nouveaux. Le vin symbolisait le côté populaire comme dans *On n'est pas là pour se faire engueuler* (1954) :

« ... L'jour de la fête à Julot, mon poteau
Je l'ai invité dans un p'tit bistro
Où l'on sert un beaujolais vrai de vrai
Un nectar de première
On est sortis très à l'aise et voilà
Que j'ai eu l'idée de l'ram'ner chez moi
Mais j'ai compris devant l'rouleau à pâtisserie
On n'est pas là pour se faire engueuler... »

Ses chansons sont parfois contestataires comme dans la *Con-plainte du con-tribuable* où il se plaint de la taxe sur les alcools et la bière :

« ... Malheur à celui qui ose
Demander où va son pognon
On a des routes dégueulasses
Pas d'écoles, mais des curés
Plus de bon vin, de la vinasse... »

Elles sont aussi teintées de désenchantement comme dans *Tango poivrot* :

« ... Adieu la flott' viv' le pinard
Lichons un pot de vin gaillard
À bas la terre, vivent les pochards ! »

En 1959, il exprima son mal de vivre dans une chanson dont la musique fut composée par Alain Goraguer : *Je bois*.

« Je bois
Systématiquement
Pour oublier les amis de ma femme
Je bois
Systématiquement
Pour oublier tous mes emmerdements.

Je bois
N'importe quel jaja
Pourvu qu'il fasse ses douze degrés cinque
Je bois
La pire des vinasses
C'est dégueulasse, mais ça fait passer l'temps. »

On trouve également, au détour de quelques couplets, des allusions au vin dans les chansons de Jacques Brel, comme le joyeux *Au printemps* :

« ... Au printemps au printemps
Et mon cœur et ton cœur
Sont repeints au vin blanc. »

Et dans le nostalgique *Les vieux* :

« ...Les vieux ne rêvent plus, leurs livres s'ensommeillent, leurs pianos sont fermés
Le petit chat est mort, le muscat du dimanche ne les fait plus chanter... »

Dans *Le dernier repas*, il dicte ses dernières volontés pour son enterrement :

« Et je veux qu'on y boive
En plus du vin de messe
De ce vin si joli
Qu'on buvait en Arbois... »

Georges Brassens chanta souvent le vin, le *p'tit bleu* des copains revêt toujours une connotation amicale et sympathique comme dans *Le bistro* :

« ...Si t'as le bec fin
S'il te faut du vin
D'premier' classe
Va boire à Passy
Le nectar d'ici
Te dépasse.

Mais si t'as l'gosier
Qu'une armur' d'acier
Matelasse
Goûte à ce velours
Ce petit bleu lourd
De menaces... »

*Georges Brassens (1921-1981).*

Mais c'est dans *Le vin*, composé en 1957, qu'il rend le plus bel hommage au jus de la treille :
« Avant de chanter
Ma vi', de fair' des
Harangues,
Dans ma gueule de bois
J'ai tourné sept fois
Ma langue…
J'suis issu de gens
Qu'étaient pas du gen-
re sobre…
On conte que j'eus
La tétée au jus
D'octobre…
Mes parents ont dû
M'trouver au pied d'u-
ne souche,
Et non dans un chou,
Comm' ces gens plus ou
Moins louches…
En guise de sang
(O noblesse sans
Pareille)
Il coule en mon cœur
La chaude liqueur
D'la treille…
Quand on est un sage,
et qu'on a du sa-
voir-boire,
On se garde à vue,
En cas de soif, u-
ne poire…
Une poire ou deux
Mais en forme de
Bonbonne,
Au ventre replet
Rempli du bon lait
D'l'automne…
Jadis aux Enfers,
Certes, il a souffert,
Tantale,
Quand l'eau refusa
D'arroser ses a-
mygdales…
Être assoiffé d'eau
C'est triste mais il faut
Bien dire
Que l'être de vin
C'est quand même vingt
Fois pire…
Hélàs ! il ne pleut
Jamais du gros bleu
Qui tache…
Qu'elles donnent du vin
J'irai traire enfin
Les vaches…
Que vienne le temps
Du vin coulant dans
La Seine !
Les gens, par milliers,
Courront y noyer
Leur peine… »

Le folk français des années soixante sentait bon la terre et le… vin, comme dans la chanson culte de Hugues Aufray et Pierre Delanoë : *Tu sens bon la terre* :
« (…) Je n'ai pas d'argent dans la tête
Et pas d'argent dans les mains
Mais pour moi c'est toujours fête
Puisque j'ai du pain et du vin. »

*Hugues Aufray en 1966.*

Pour l'anecdote, ajoutons qu'une autre chanson de Hugues Aufray, *Stewball*, qui n'a rien à voir avec le vin puisqu'il s'agit d'un cheval blessé lors d'une compétition, possède une source anglo-saxonne qui, elle, fait référence au vin !
En effet, la version écrite par trois membres du groupe The Greenbriar boys (Ralph Rinzler, Bob Yellin et John Herald) et qui fut reprise notamment par les Hollies en Angleterre et même Joan Baez, débute ainsi :
*Old Stewball was a racehorse*
*And I wished ha was min*
*He never drank water*
*He always drank wine*
« Le vieux Stewball était un cheval de course
Et j'aurais voulu qu'il soit à moi
Il ne buvait jamais d'eau
Il ne buvait que du vin. »

Le répertoire de Graeme Allwright est aussi riche en allusions au vin, avec une mention spéciale pour *Ça je n'l'ai jamais vu* :
« J'entre à la maison l'autre nuit
J'avais bu un peu de vin
J'ai vu un ch'val dans l'écurie
Où je mettais le mien
Alors j'ai dit à ma p'tite femme
Veux-tu bien m'expliquer
Y'a un cheval dans l'écurie
À la place de mon bidet.
*Refrain*
Mon pauvre ami tu n'vois pas clair
Le vin t'a trop saoulé
Ce n'est rien qu'une vache à lait
Que ma mère m'a donnée
Dans la vie j'ai vu pas mal de choses
Bizarres et saugrenues
Mais une selle sur une vache à lait
Ça je n'l'ai jamais vu. »

En 1973, Maxime Le Forestier donnait dans la contestation. Le vin n'a pas le beau rôle dans *L'irresponsable* :
« Je n'étais pas très gai
Pour aller travailler
On m'a mené jusqu'au bistrot d'en face
Celui qui fait fortune
En vendant une à une
La petite côte qui fait qu'le boulot passe

*Maxime Le Forestier en 2005.*

C'est pas qu'on m'ait poussé
Mais payer des tournées
Ca fait monter ma cote
Avoir le foie chagrin
Dans le pays du vin
C'est être patriote. »

Deux ans plus tard, l'humeur était meilleure, Maxime Le Forestier faisait de *L'auto-stop* sur les routes de France, sans grand succès d'ailleurs :
« Quatre jours plus tard
On était
Toujours là
Avec des guitares
Abrités
Pourquoi pas
Avec un verre de vin
Chaque fois que quelqu'un s'arrête
C'était pas la fête
Mais enfin on était bien. »

La magnifique chanson de Jean Ferrat *La montagne* évoque le destin tragique de ceux qui sont obligés de quitter leur pays natal pour aller travailler à la ville :
« (…) Ils avaient tous l'âme bien née
Noueuse comme un pied de vigne
Les vignes elles courent dans la forêt
Le vin ne sera plus tiré
C'était une horrible piquette
Mais il faisait des centenaires
À ne plus que savoir en faire
S'il ne vous tournait pas la tête. »

En 1964, Claude Nougaro était sous le balcon de Marie-Christine. Il n'est pas sûr qu'il buvait du vin… mais rien ne dit le contraire dans ce monument de la chanson française qu'est *Je suis sous* :
« Je suis sous, sous, sous
Sous ton balcon (…)
(…) Depuis que l'on s'est quitté
Je te jure que j'ai bien changé
Tu ne me reconnaîtrais plus
Et d'abord, je ne bois plus. »

Adepte des jeux de mots, Nino Ferrer établissait, à la fin des années soixante, un parallèle entre le vin rouge et Mao dans *Mao et moa* :
« …. J'ai mon bréviaire
De révolutionnaire
Dans tous les bouges
Moi je bois des quarts de rouge
Le quart de rouge
C'est la boisson du garde rouge. »

En 1977, le chanteur populaire Michel Sardou stigmatisa la fin d'une époque pour le vin en interprétant *La java de Broadway* dont les paroles sont de Pierre Delanoë et la musique de Jacques Revaux :
« Quand on fait la java le sam'di à Broadway
Ca swing comme à Meudon
On s'défonce on y va pas besoin d'beaujolais
Quand on a du bourbon. »

Contrairement à Michel Sardou, les chanteurs de variétés français n'ont heureusement pas tous écarté le vin de leur répertoire. Hervé Villard encensa le *Vin corse* :
« (…) Le vin de Corse m'avait donné la force
De t'avoir dit je t'aime
Le vin de Corse me réchauffe le corps
Et tu n'es plus la même. »

Marc Lavoine proclama dans « C'est ça la France » :
« C'est ça la France
Du Chili dans les gamelles et du vin
Dans les bidons. »

De son côté, Nicolas Peyrac interpréta *Le vin me saoûle*. Quant à Pierre Bachelet, il rendit hommage aux *Corons* en 1982 (paroles de Jean-Pierre Lang) :
« Y'avait à la mairie le jour de la kermesse
Une photo de Jean Jaurès
Et chaque verre de vin était un diamant rose. »

*Nino Ferrer en 1982.*

## Tu es mon millésime, ma plus belle année

Des groupes actuels ont fait du vin leur spécialité, comme Chanson Plus Bifluorée qui interpréta en 1994 *Jobard* (paroles de Sylvain Richardot) :
« Brouilly, Chablis, Bourgogne
Grands Châteaux du Bordelais
Chinon, Tursan, Sainte Croix du Mont
Châteauneuf ou Beaujolais
Lirac, Médoc, Champagne et Puligny Montrachet
En cave obscure vieillirez
Et prendrez de belles années. »

Le groupe Licence IV sut lui aussi trouver le succès grâce au vin. En 1986, son fameux *Viens boire un p'tit coup à la maison* (paroles de F. Vacher et O. Guillot, musique J. Falon) se hissa parmi les tubes :
« Allez, viens boire un p'tit verre à la maison
Y'a du blanc, y'a du rouge, du saucisson
Et Gillou avec son p'tit accordéon
Vive les bouteilles et les copains et les chansons. »

Plus délicat, la fort belle chanson *Millésime* interprétée en 2001 par Pascal Obispo (paroles de Julie d'Aimé, musique d'Obispo et Calogero) établit un parallèle entre la naissance d'un vin et celle d'un enfant :
« Sur les coteaux en pentes
Les vallons amoureux
Un rayon de soleil
Est passé sur nous deux
J'attendais de ce ciel
Qu'il me fasse juste un signe
Et je vois mon château
Sortir du cœur des vignes.

*Groupe Chanson Plus Bifluorée.*

*Refrain*
Tu es mon millésime
Ma plus belle année
Pour ce bonheur en prime
Que tu m'as donné
Je suis à jamais ta terre
C'est ça être père. »

L'album *Bliss* de Vanessa Paradis comprend une chanson intitulée *L'eau et le vin* :
« L'eau et le vin
Je veux l'eau et le vin
La pierre et le raisin
Je veux l'eau dans tes mains
Et le vin quand il convient.
(...) Aussi bon que le pain
Le vin qui me parle
Et l'eau qui ne dit rien. »

Par ailleurs, le répertoire de Renaud est intéressant. En pleine révolte contre la société française au milieu des années soixante-dix, il choqua le grand public avec *Hexagone* :
« Finies les vendanges en octobre,
Le raisin fermente en tonneaux,
Ils sont très fiers de leurs vignobles,
Leurs Côtes-du-Rhône et leurs Bordeaux,
Ils exportent le sang de la terre
Un peu partout à l'étranger,
Leur pinard et leur camembert
C'est leur seule gloire à ces tarés. »

Trente ans plus tard, dans *Boucan d'enfer*, le ton s'est radouci, il décrit *Mon bistrot préféré* :
« ... L'ami René Fallet me parle de ces touches
Qui le font frissonner quand il pêche à la mouche
Et du vin et des femmes et surtout des copains
Qui font la vie plus belle, le désespoir plus loin ».

En 2006, jeune marié et heureux papa, il célèbre son bonheur par deux belles chansons. *Les Vieux* évoque ceux dont la vie s'écoule doucement :
« Des fleurs parfois ça peut
Ensoleiller les lieux
Et pour le père un p'tit Condrieu
Est'c'qu'ils sont heureux. »

*Renaud en 1980.*

Tandis que *Les Cinq sens* exaltent les joies de la vie :
« À part à tes fruits défendus
À quoi goûter ?
À l'impossible, à l'imprévu
Et au danger
À ce bon verre de vieux vin rouge
Si parfumé
À tes lèvres que tu entr'ouves
Sous mes baisers. »

**Country, blues, jazz, rock, pop et même rap. Aucun style de musique n'échappe au vin. De UB 40 aux Who en passant par Woody Guthrie et même les Beasties Boys, départ pour un grand *World wine magic tour* !**

# Red, red wine…

*Red, red wine*
*Go to my head*
*Make me forget that I*
*Still need her so.*
(« Le vin rouge
Me monte à la tête
Il me fait oublier
Combien j'ai tellement encore besoin d'elle »).

Écrite à la fin des années soixante par Neil Diamond, *Red, red wine* fit le tour du monde, en particulier grâce au groupe de reggae UB 40 au début des années quatre-vingts qui le hissa en haut du hit-parade.

Un tel succès reste quand même assez rare pour une chanson en anglais évoquant de façon aussi évidente le vin. Mais il n'est pas difficile d'en trouver beaucoup d'autres. Le site Internet d'un Américain passionné en répertorie par exemple au moins quatre cents, dans tous les genres et styles musicaux !

L'inventeur de la musique folk américaine par exemple, Woody Guthrie, est l'auteur de *Red Wine*, une chanson de l'album *Ballads of Sacco & Vanzetti* qui relate l'histoire de ces Italiens accusés de meurtre et exécutés sur la chaise électrique en 1927 malgré une immense protestation internationale.
*Oh, pour me a drink of Italian red wine,*
*Let me taste it and call back to mind*
*Once more in my thoughts, once more to my soul*
*This story as great, if not greater, than all.*
(« Oh, verse-moi un verre de vin rouge italien
Laisse-moi le déguster et me rappeler
Encore une fois dans mes pensées, encore une fois dans mon âme
Il n'y a pas de plus grande histoire que celle-là »).

En 1952, le pianiste et chanteur américain Little Willie Littlefield évoquait la « rue de la vigne » (*Vine Street*), réputée à Kansas city (Missouri) pour sa vie nocturne, dans une balade où il est aussi question de « sherry wine » (Xérès). Vigne et vin sont ainsi réunis dans une même chanson, ce qui est assez exceptionnel.

*Said I'll be standing on the corner*
*Twelfth street and Vine*
*With my Kansas city baby*
*And a bottle of sherry wine.*
(« Je t'ai dit que je serai au coin
De la 12e rue et de la rue de la vigne,
Avec mon bébé de Kansas city
Et une bouteille de sherry »).

La dimension religieuse du vin n'a bien sûr pas échappé aux Américains, à commencer par Johnny Cash qui, de sa voix grave et inimitable, raconta l'histoire des noces de Cana dans *He turned water into wine* :
*In the little Cana town*
*The world went all around that*
*He turned the water into wine.*
(« Dans la petite ville de Cana
Cela fit le tour du monde
Il changea l'eau en vin »).

*Johnny Cash dans sa loge vers 1960.*

Emmylou Harris, égérie de la musique country, chanta *Bluebird wine* et *Two more bottles of wine* :
*(...) Lord, I'm drunk on Bluebird Wine*
*(...) List'ning to the music on the radio*
*Drinking all the Bluebird we can hold.*
(« Seigneur, je me suis saoulée au Bluebird wine
Écoutant la musique à la radio
Buvant tout le Bluebird qu'on puisse encaisser »).
*(...) My baby moved out and left me behind*
*But it's all right 'cause it's midnight*
*And I got two more bottles of wine.*
(« Mon bébé s'en est allé et m'a laissé
C'est pas grave, il est minuit
Et j'ai encore deux bouteilles de vin »).

Le répertoire folk comprend bien d'autres chansons évoquant le vin : *After a glass of wine* (Après un verre de vin), *Cheap wine* (Vin bon marché), *Drinking of the wine* (Boire le vin), *Gimme that wine* (Donne-moi ce vin) repris notamment par Jimmy Hendricks, *Sweet wine* (Vin doux)...
La vigne apparaît dans *Pumpkin vine* (Vigne citrouille), *Trumpet vine* (Vigne trompette), *New vine street blues* (Blues de la rue de la nouvelle vigne).

## Get your man a big bottle of red wine

Dans la sphère du blues, l'excellent guitariste à la voix puissante, Luther Allison, décrivit la détresse d'une femme alcoolique dans *Cherry red wine* :
*... Watching you destroy yourself woman, all you do is sitting around drinking wine*
*(...) You worry me baby*
*I'm sitting here wondering what in the world I can do*
*We got so much to live for, darling*
*But I just can't sit here doing nothing and watching that wine destroy you*
*(...) You gonna keep on drinking that bad wine, baby*
*Even the grass on your grave will be cherry red.*
(« Je te regarde te détruire, femme, tu ne fais que te traîner en buvant du vin
Tu m'inquiètes, bébé
Je suis là, à me demander ce que je peux bien faire
On a encore tellement de choses à vivre, chérie
Je ne peux plus rester là, à ne rien faire, en regardant le vin te détruire
Tu vas continuer à boire ce mauvais vin, bébé
Même l'herbe de ta tombe sera rouge cerise »).

*Ella Fitzgerald (1917-1996).*

Dans sa longue plainte venant des champs de coton, le bluesman texan Lightnin' Hopkins évoqua lui aussi une femme qui boit du vin dans *Wine drinking woman*. Une autre de ses chansons *Drinkin' wine spodee-o-dee* fait allusion à cette boisson élaborée à partir d'un mélange de vin et de fruits macérés.

Plutôt adepte de *Cocaïne* que de vin, Éric Clapton compte quand même à son répertoire *Bottle of red wine* dont le succès n'a malheureusement pas été aussi gigantesque :
*(...) Feel so bad this morning; got a terrible headache in my head*
*Do me a favor, baby, do me a favor please.*
*Please get up; get your man a bottle of red wine.*
*Get up, get up; get your man a big big bottle of red wine.*
(« Je me sens si mal, ce matin, j'ai une terrible migraine
S'il te plaît, bébé, s'il te plait
S'il te plaît lève-toi et va chercher pour ton homme une bouteille de vin rouge
Lève-toi, lève-toi, va chercher pour ton homme une grande, grande bouteille de vin rouge »).

Citons par ailleurs l'une des plus grandes voix de la musique américaine en matière de blues, Ella Fitzgerald, qui est l'interprète d'une belle chanson intitulée *And her tears flowed like wine* (Et ses larmes coulaient comme du vin).

Quant à l'immense musicien américain Tom Waits, il sortit en 1980 un album au titre mystérieux : *Heartattack and Vine* (rime accrocheuse ? trait d'humour ?). Il venait d'arrêter de fumer et avait limité sa consommation d'alcool au seul vin (dans une interview, il confiait même apprécier particulièrement le « Carlo Rossi chablis »).

Enfin, Joan Armatrading interpréta *Water with the wine* :
*This man was getting hot*
*I got no strength to make him stop*
*I guess it's too late*
*But I'll know next time*
*To mix some water with the wine.*
(« Cet homme devenait chaud
Je n'avais pas la force de le faire arrêter
Je pense qu'il est trop tard
Mais la prochaine fois je saurai
Mélanger de l'eau avec son vin »).

## I will drink the wine

Le trompettiste Dizzy Gillespie visita Paris pour la première fois en 1937 avec le groupe Teddy Hill's Band. Il y revint en 1948 avec sa propre formation et laissa à la postérité un *Cognac blues* que ne renieraient pas les rappeurs noirs américains d'aujourd'hui.

Le crooner Dean Martin, amateur de belles femmes et de bonnes bouteilles, sussura aux Américains *Party dolls and wine* (Les filles de la fête et le vin), *Hey brother, pour the wine (*Hé Frère, verse le vin*)* ou encore *Little Ole Wine drinker me (*Vieux petit buveur de vin*)* que reprit également Elvis Presley.

Le batteur de jazz Jerry Mulligan interpréta *New Wine* et Frank Sinatra apporta sa pierre à l'édifice avec *I will drink the wine* et *The days of wine and roses*. Cette très belle chanson écrite pour le film du même nom relate la tragédie d'un alcoolique qui entraîne sa jeune femme en enfer :
*The days of wine and roses laugh and run away like a child at play*
*Through the meadow land toward a closing door*
*A door marked "nevermore" that wasn't there before.*
(« Les jours ou le vin et les roses rient et s'enfuient comme un enfant en train de jouer
À travers la prairie vers une porte close
Une porte où il y a inscrit « jamais plus » et qui n'était pas là avant »).

Grover Washington Jr, interprète de l'inoubliable *Just the two of us* est aussi l'auteur d'un album instrumental *Wine light*. Sur la pochette, un saxophone et un verre de vin mêlent leurs reflets cuivrés sous l'effet d'un rayon de lumière.

Dans le domaine de la soul, Eddie Floyd, auteur du mythique *Knock on the wood*, est moins connu pour *Why is the wine sweeter* ?

Enfin, l'immense chanteuse et ardente combattante pour les droits des noirs aux États-Unis, Nina Simone, interpréta un grand classique du répertoire : *Lilac wine* que d'autres comme Jeff Buckley reprirent également :

*Nina Simone en 1959.*

*Lilac wine is sweet and heady, like my love*
*Lilac wine, I feel unsteady, like my love*
*Listen to me... I cannot see clearly*
*Isn't that she coming to me nearly here?*
(« Le vin de lilas est doux et entêtant, comme mon amour
Le vin de lilas, je me sens chancelante, comme mon amour
Écoute-moi… Je ne vois plus rien
Est-ce qu'elle ne vient pas près de moi, si près »).

*Dean Martin dans les années 1960.*

## Wine and rock'n roll

Même les rockers ont intégré le vin dans leur répertoire, à commencer par Elvis Presley et son *Vino, dinero y amor* :
*Viva el vino, viva el dinero*
*Viva, Viva*
*El amor*
*I like to drink wine, and money is fine*
*But I like the girls even more*
*Viva el vino, viva el dinero, viva viva el amor.*
(« Le vin, le fric et l'amour
Vive le vin, vive le fric
Vive l'amour
J'aime boire du vin et le fric c'est super
Mais j'aime encore plus les filles
Vive le vin, vive le fric, vive l'amour »).

Townes Van Zandt, un *beautiful loser* sans voiture ni maison, composa une chanson sur le *Thunderbird wine*, un vin assez alcoolisé (plus de 17,5 °) vendu dans les milieux populaires après la Prohibition.

Artiste culte des années soixante-dix, Frank Zappa chanta *Wonderful Wino* mais aussi *Wino Man* :
*(…) Well, I'm a wino man*
*Don't you know I am?*
(« Bien, je suis l'homme « vin »
Ne sais-tu pas qui je suis ? »).

Même les Who, un des plus fameux groupes de rock anglais, symbole des « sixties », ne résista pas à l'appel du vin, bien que l'histoire de la chanson *Old red wine* soit plutôt tragique. Le guitariste Pete Townshend l'écrivit en effet à la mémoire du bassiste John Entwistle, décédé subitement d'une crise cardiaque en 2002, alors que le groupe effectuait son grand retour sur la scène internationale. John Entwistle était un véritable amateur de vin, comme en témoigne cette très émouvante chanson :
*Old red wine*
*Well past its prime*
*May have to finish it*
*After crossing the line*
*(…)*
*Old red wine*
*Not worth a dime*
*Gonna have to drink it with yer*
*Some other time*
*Expensive old wine*
*Forty years lying*
*Mice chewed the labels*
*Don't know what we're buying*

*Back home in California*
*They got wine for the meek*
*There's the Bowl and the Fillmore*
*The Cow and the Greek*

*You sniffed at the cork*
*Chose low on the list*
*Held your glass to the light*
*And gazed through the mist*

*Old red wine*
*Well past its prime*
*Gonna have to drink it with you*
*Some other time.*
*Let it breathe.*

(« Le vieux vin rouge
qui a passé son temps
Il aurait aimé le finir
Après avoir passé la ligne
Vieux vin rouge
Qui ne vaut pas grand chose
Tu devras le boire avec elle
Une autre fois.
Vieux vin rouge cher
Reposant depuis 40 ans
Dont les souris ont mangé les étiquettes
On ne sait ce qu'on achète
De retour à la maison en Californie
Ils ont du vin pour les faibles
Il y a le Bowl et le Fillmore
Le Cow et le Greek
Tu sens le bouchon
Choisis avec discernement
Tiens ton verre à la lumière
Et regarde à travers la buée
Vieux vin rouge
Qui a passé son temps
Je vais devoir le boire avec toi
Une autre fois.
Fais le respirer »).

Le bassiste des Rolling Stones durant trente ans, Bill Wyman, enregistra un album solo dans lequel il interprète *Wine and wimmen* :
*Wine and women and songs will only make me sad*
*Love and kisses and hugs, the things I never had*
*If this should end, I don't mind*
*If this should end, I will find*
*"What shall I do".*
(« Le vin, les femmes et les chansons me rendent toujours triste
L'amour, les baisers et les étreintes, tout ce que je n'ai jamais eu
Si cela pouvait finir, je trouverais
Ce que je dois faire »).

*Les Pink Floyd en 1967. De gauche à droite : Roger Waters, Nick Mason, Sid Barrett et Rick Wright.*

En 1976, The Eagles sortirent leur cinquième album qui devint un tube planétaire, faisant danser des générations d'adolescents sur *Hôtel California*... qui parle de vin :
*So I called up the Captain,*
*Please, bring me my wine*
*He said, "We haven't had that spirit here since nineteen sixty nine.*
*(...) Mirrors on the ceiling,*
*The pink Champagne on ice...*

(« Alors j'ai appelé le Capitaine
Apportez-moi mon vin s'il vous plaît
Il répondit : « Nous n'avons plus eu cet alcool depuis 1969.
(...) Des miroirs au plafond
Du Champagne rosé dans la glace »).

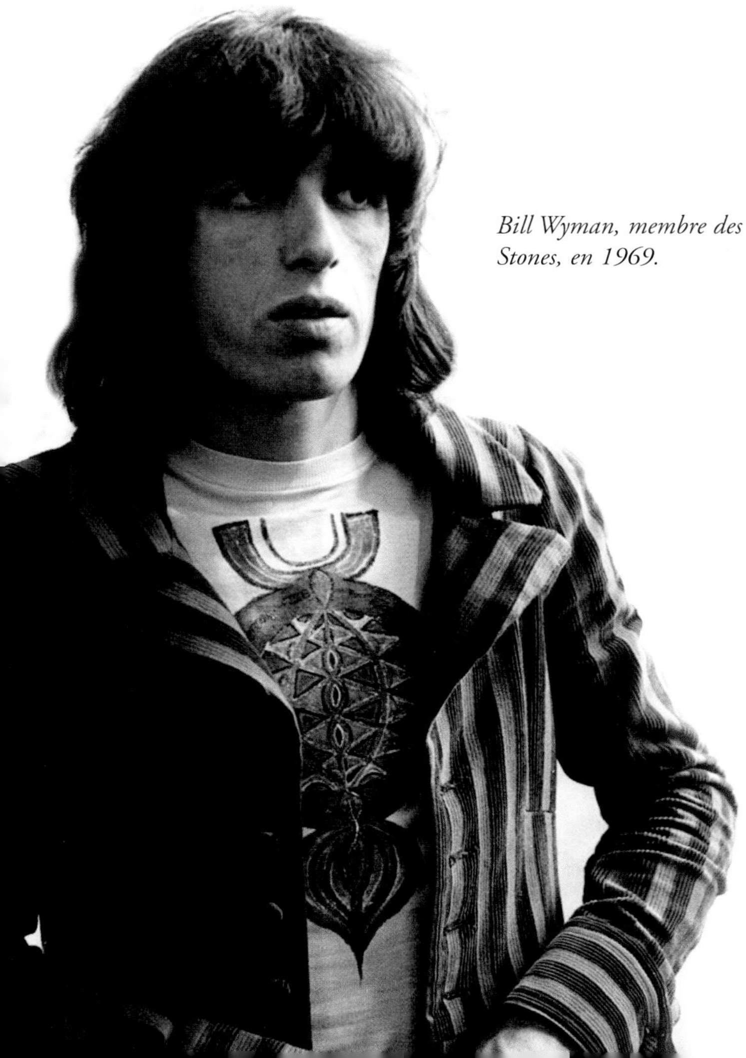
*Bill Wyman, membre des Rolling Stones, en 1969.*

Hormis le morceau instrumental de Peter Gabriel *Bread and wine*, on peut clore le chapitre rock avec Syd Barret, monument du psychédélisme et fondateur du groupe Pink Floyd, qui chanta *Wined and dined* :

*Wined and dined, oh it seemed just like a dream !*
*Girl was so kind.*
*Kind of love I'd never seen*
*Only last summer, it's not so long ago...*
*Just last summer, now must winds blow.*
(« J'ai bu du vin et mangé, c'était comme un rêve
La fille était si gentille
Un amour comme j'en ai jamais vu
C'était juste l'été dernier, cela ne fait pas si longtemps
Juste l'été dernier, les vents doivent souffler maintenant »).

## Spill the wine

Dans le monde de la pop, le fondateur des Animals, Éric Burdon, réclamait du vin dans *Spill the wine* :
*Spill the wine and take that pearl.*
(« Verse le vin et prends cette perle »).

Et les Beach Boys chantaient *Wine, wine, wine* sur les plages de Californie tandis que Paul Mac Cartney enregistrait avec les Beatles la chanson *When I'm sixty four* pour l'album Sergent Pepper's :
*When I get older, losing my hair, many years from now*
*Will you still be sending me a Valentine, birthday greetings, bottle of wine ?*
(« Quand je serai vieux, que j'aurai perdu mes cheveux, dans très longtemps,
Est-ce que tu m'enverras toujours une carte pour la Saint Valentin, des vœux d'anniversaire, une bouteille de vin ? »).

Après la séparation du groupe, plutôt abattu, Paul Mac Cartney composa l'histoire d'un vieux poivrot, *Wino Junko* :
*Wino Junko can't say no,*
*Wino Junko, eyes aglow.*
*Pill freak, spring a leak, you can't say no,*
*Till you go down again.*
(« Le poivrot Junko ne peut dire non
Poivrot Junko, le regard illuminé
Abruti original, déclenche une fuite, tu ne peux pas dire non
Jusqu'à ce que tu descendes encore »).

Le batteur des Beatles, Ringo Starr, exprima quant à lui son désenchantement dans *Wine, women and loud happy songs* :
*Wine, women and loud happy songs,*
*I had all three but none lasted long.*
*The women ran off, I drank all the wine*
*And the songs died away when I ran out of dimes*
(« Le vin, les femmes et les grandes chansons heureuses
J'ai eu les trois mais cela n'a pas duré longtemps
Les femmes s'en sont allées, j'ai bu tout le vin
Et les chansons se sont taries quand je n'ai plus eu un centime »).

## Like a bottle of « Château Neuf du Pape »

Les meilleurs rappeurs blancs de l'histoire du hip hop, les Beasties Boys, sont assurément de grands amateurs de vin. Leur histoire remonte aux années quatre-vingts, dans les clubs punk de New York. Aujourd'hui, sur six albums produits en vingt ans, quatre sont numéro un.
Déjà, en 1996, un morceau sans paroles de leur album *The in sound from way out !* s'intitulait *Drinkin' Wine*.

Mais c'est dans leur album *Hello nasty*, qu'ils donnèrent en 1998 la preuve éclatante de leurs parfaites connaissances œnologiques. La chanson *Body Movin* fait en effet référence au Châteauneuf du Pape, prononcé à l'américaine sur un rythme de rap :

*(...)The sound of the music drivin you insane*
*You can't explain to people this type of mind frame*
*Like a bottle of Chateau Neuf du Pape*
*I'm fine like wine when I start to rap.*
(« Cette musique te rend fou
On ne peut pas expliquer aux gens ce type de pensée
C'est comme une bouteille de Châteauneuf du Pape
Je me sens bien comme du vin quand je commence à rapper »).

## No Future

Les Pogues, un groupe punk irlandais créé en 1982, cria sa passion sans limite pour le vin, la bière, le whisky et même le cidre !
*The wake of Medusa* (Le réveil de la Méduse) reste néanmoins sobre :
*The guests are stood in silence*
*They stare and drink their wine*
(« Les invités restent silencieux
Ils se dévisagent et boivent leur vin »).

*Paris Saint Germain* témoigne même d'une certaine élégance de la part d'un groupe aussi déjanté :
*The City of Light is dimmed now by winter,*
*No gut full o wine could keep out this frost*
*We'll shiver and sigh by the ice on the river*
*Ask the dull heavens, "The hell have we lost ?"*
(« Les lumières de la ville sont maintenant atténuées par l'hiver
Aucune outre pleine de vin pourrait venir à bout de ce froid
Nous allons frissonner et gémir à cause de la rivière gelée
Demande aux paradis éteints, " Dans quel enfer sommes-nous perdus ? ").

Double page suivante : L'arrivée du mauvais riche en enfer *par David Teniers II (1610-1690), dit le Jeune.*

## Magic Champagne !

Comme souvent, le Champagne tient une place à part dans le répertoire des chanteurs anglo-saxons. Il faut dire que sa renommée ne date pas d'hier. À la fin des années quarante, Gene Ammons évoquait le *Red Top*, capuchon rouge qui ornait le goulot des meilleures bouteilles de Champagne. Quant au musicien de blues des années cinquante Howlin'Wolf , il fit la promotion du *CV Wine* (Champagne Velvet Wine) :
*I'gonna order me a bottle of CV*
*I like CV it drinks good to me*
*Ow*
*Try CV.*
(« Je vais commander une bouteille de CV
J'adore le CV, il me fait du bien
Essaye le CV »).

Le plus grand chanteur et performer soul de tous les temps, Otis Redding, interpréta un magistral Champagne and wine :
*Champagne and wine*
*That's what you gonna get*
*Champagne and wine*
*What it's gonna be*
*Just as long girl you see about me*
*I'm gonna be, knocking on your door*
*I want the same love, That I had before. (...)*
*Giving you Champagne and wine*
*I want you to love me, baby*
*I really do need you, honey*
*Really do wan't you baby....*
(« Du Champagne et du vin
C'est ce que tu vas avoir
Du Champagne et du vin
C'est ce qu'il va y avoir
Tant que tu resteras avec moi
Je vais frapper à ta porte
Je veux le même amour que j'ai déjà eu...
Je te donnerai du Champagne et du vin
Je veux que tu m'aimes, bébé
J'ai vraiment besoin de toi, chérie
Je te veux vraiment, bébé »).

# Le vin dans la vie des musiciens

Double page précédente : La Rose ou le voyage des artistes *par Moritz von Schwind (1804-1871).*
En médaillon : *Hanap, XIVe siècle.*

Page de gauche : Le Retour du pèlerin *par Louis-Julien Aulnette du Vautenet (1786-1853).*

Jacques Naflon, Pierre le Dégourdi, Jeanne la Dégagée.

**Des Goliards à Philippot le Savoyard en passant par les compositeurs franco-flamands présents à la cour des ducs de Bourgogne, le vin inspira largement les auteurs de chansons du Moyen Âge et de la Renaissance.**

# MES CAMARADES BONS IVROGNES

Les chansons des Goliards, ces poètes vagabonds en rupture de ban avec l'Église, parlent d'elles-mêmes. Le vin les accompagnait au quotidien dans leur vie de débauche à travers l'Europe.
Même si leurs textes font davantage appel au vin pour dénoncer les excès des membres de l'église et du pouvoir en place, le ton général reste très dépravé. Le nom de Goliard viendrait d'ailleurs du latin *gula* qui signifie gosier, gourmandise. Au XIIe, l'archidiacre d'Oxford, Walter Map, prit d'ailleurs le pseudonyme de Golias pour dénoncer les mœurs ecclésiastiques. Au XIIIe siècle, l'activité des Goliards fut interdite par l'Église qui leur retira tout privilège ecclésiastique, précipitant ainsi leur disparition.
Les troubadours n'avaient pas la même conception de la chanson à boire. Imprégnés de culture grégorienne, allant de ville en ville et de château en château, ils appartenaient à toutes les classes sociales : grands seigneurs (Guillaume IX de Poitiers…) mais aussi personnages d'origine très modeste (les parents de Bernard de Ventadour étaient serviteurs dans le château du même nom). Parfois, ils avaient des charges d'église, ce qui facilitait leur rapport au vin mais surtout leur assurait des revenus réguliers.
L'art des troubadours était très florissant en Aquitaine, pays de vin, où rayonnait depuis le IXe siècle l'abbaye Saint Martial de Limoges.
On connaît aujourd'hui le nom d'environ 500 troubadours, dont une quarantaine de femmes, mais il est très difficile de connaître précisément les détails de leur vie, en particulier leur consommation de vin. À côté des

troubadours, des chanteurs musiciens s'étaient spécialisés dans l'interprétation du répertoire lyrique. Ces saltimbanques que l'on appelait jongleurs (du latin *joncular*e : plaisanter, badiner) se promenaient dans les cours et les châteaux, offrant leurs services d'amuseurs, diffusant leurs chansons à travers le pays.
La croisade contre les Albigeois (1208-1229) mit un terme à la civilisation occitane et donc à son expression artistique. Les troubadours trouvèrent refuge en Italie, en Espagne et au Portugal, favorisant ainsi la diffusion de leurs chansons dans ces pays.
Dans les pays du Nord de la Loire, vers la fin du XIIe siècle, apparurent les trouvères. La communication entre troubadours et trouvères fut facilitée par les croisades, mais ces derniers développèrent une poésie davantage marquée par les Goliards, souvent satirique et embourgeoisée.
Le Champenois Colin Muset, par exemple, cultivait les plaisirs de la bonne vie et du vin. Il faut dire que beaucoup de trouvères étaient issus de la classe moyenne des villes.
Au XIIIe siècle, Guillaume de Béthune déclara : « La vigne est née par la vierge Marie pour que l'Âme par le vin se libère de toute servitude et soit capable d'aimer ».
Dans *La bataille des vins* du poète normand Henri d'Andeli, un fabliau dresse la liste des vins de l'époque : vins d'Alsace, vins du Berry, vins de Champagne, vins d'Ile de France, vins de Chypre…
Au XIIIe siècle, toujours dans le Nord de la France, apparut le ménestrel, du bas-latin *ministerialis* : celui est qui chargé d'un service ou d'un office dans la maison d'un seigneur, laïc ou ecclésiastique. Les ménestrels (on dit aussi ménétriers ou ménestriers) s'occupaient des divertissements et des fêtes qui étaient toujours accompagnées de musique.
Au début du XIVe siècle, ils fondèrent même des confréries et des corporations pour défendre et réglementer leur métier. À l'occasion de rencontres annuelles organisées à Beauvais, Cambrai, Paris ou Lyon durant la période du Carême (fêtes et divertissements étaient alors interdits), ils renouvelaient leur répertoire, apprenaient de nouvelles techniques, achetaient des instruments…

## Où êtes-vous, bons biberons ?

On connaît mieux la vie des musiciens à partir du XVe siècle. Olivier Basselin par exemple, père des chansons à boire de par ses « vauxdevires », vécut en Normandie au cœur de la rivalité franco-anglaise. Auteur d'une soixantaine de chansons bachiques à la gloire du vin, on dit de lui qu'il fut meunier ou foulon du Val de Vire et qu'il se réunissait avec ses joyeux compagnons pour de mémorables fêtes. Ses écrits témoignent incontestablement de son goût pour le vin :
« Où êtes-vous bons biberons ?
Où êtes-vous bachiques trognes ?
Où êtes-vous mes compagnons ?
Mes camarades bons ivrognes. »

« (…) Le bon vin redonne vigueur et force au corps qui est malade.
Il chasse la tristesse fade, nourrit le corps, purge le cœur. »

« (…) Le vin rend le teint beau !
Vaut-il pas mieux avoir la couleur rouge et vive
Riche de beaux rubis, que si pâle et chétive
Ainsi qu'un buveur d'eau ? »

Les auteurs franco-flamands du XVe siècle tels que Guillaume Dufay, Josquin des Prés, Jean Richafort ou Loyset Compère écrivirent de fort belles chansons sur le vin. Leur mode de vie, le fait qu'ils aient séjourné à la cour des ducs de Bourgogne mais aussi parfois en Italie, suggèrent qu'ils goûtèrent probablement aux meilleurs vins. Guillaume Dufay par exemple, de retour de Rome, obtint la charge de « l'Office du four et du vin » à Cambrai, qui consistait à acheter le pain et le vin pour toute la communauté cléricale.
Le compositeur Loyset Compère, familier de la cour des ducs de Bourgogne, est l'auteur d'un *Sile fragor* témoignant de certains excès : « Silence, tumulte du monde, laisse-nous chanter et comparer nos mélodies. (…) Il convient à présent d'aller vers la fontaine où trône Bacchus lui-même : que l'eau fasse place aux ruisseaux de vin. »
Jean Richafort, cité par Rabelais dans son Quart Livre, composa un *Trut avant ! Il faut boire* révélateur.
Quant à Clément Janequin, compositeur réputé de la première partie du XVIe siècle, auteur présumé de *Allons,*

Le Concert au bas-relief *par Valentin de Boulogne (1594-1632).*

*fuyons, bevons,* mais peut-être aussi de *Quand je bois du vin clairet*, son parcours suit précisément les régions viticoles. Probablement fils d'un aubergiste de la région de Chatellerault, il fut ordonné prêtre avant d'être nommé chanoine de Saint-Émilion, puis de s'installer à Bordeaux. Il se rendit ensuite dans une autre région viticole, l'Anjou où il occupa le poste de maître de la psalette de la cathédrale durant une dizaine d'années. Il se lia avec Rabelais, Joachim du Bellay, Jean de L'Espine… Nombre de ses chansons furent écrites à Angers. Riches d'une gaieté rustique, elles sont claires et pétillantes comme le vin d'Anjou dont elles reflètent la saveur : Clément Janequin et ses compagnons appréciaient en effet le vin d'Anjou. Les concerts de musiciens se donnaient d'ailleurs « après boire », au logis des amis. On jouait de l'épinette et de l'orgue de salon, on chantait aussi *a capella*.

En tant que psalteur, Janequin disposait également des revenus de diverses chapelles. L'une d'elle comprenait dix quartiers de vignes au clos des Fouassières, dans la banlieue d'Angers, sur la rive droite de la Maine, sur un riche terroir bien exposé au soleil. Janequin mourut finalement à Paris dans le dénuement malgré ses succès et la protection de quelques grands du Royaume.

On connaît bien l'histoire d'Adam Billaut, le « menuisier de Nevers », qui entra dans la postérité malgré une origine modeste et inspira largement les chansonniers du

Le repos du joueur de vielle ; L'aveugle Frélont *par Pierre Antoine Mougin (1761-1827).*

Double page précédente : Le Livre des Conquestes et Faits d'Alexandre.

XVIIIe siècle. Assez joli garçon, il chantait lorsqu'il travaillait, ce qui lui valait la considération de ses clients. On lui offrait plus souvent à boire qu'à un autre. En ces dernières années du règne de Louis XIII, il accéda à la haute société parisienne et obtint même, pour en avoir chanté les louanges, une pension de Richelieu. Il devint la coqueluche des salons, mais mourut en 1662 avant d'avoir publié son second ouvrage de poésies et de chansons. Cet ouvrage sortit finalement l'année suivante avec une préface indiquant que « la plupart des ouvrages de « Maître Adam » avaient été conçus le verre à la main ». D'ailleurs, l'un de ses textes conforte cette affirmation :

« Aussitôt que la lumière
Vient redorer les coteaux
Poussé d'un désir de boire
Je caresse les tonneaux,
Ravi de revoir l'Aurore
Le verre en main je lui dis :
Voit-on plus au rive more
Que sur mon nez de rubis ? »

## Philippot, première vedette de la chanson populaire

L'autre grande figure de la chanson bachique au XVIIe siècle est bien sûr Philippot, dit le Savoyard, qui chanta pendant plus de quarante ans sur le pont Neuf à Paris. Il fut, selon l'historien Claude Duneton, la première grande vedette de la chanson populaire. Il faut dire qu'en plus d'avoir du talent, il était aveugle, ce qui n'était pas si courant pour un joyeux rimeur.

On l'appelait le Savoyard, mais il n'est pas sûr qu'il fût originaire de Savoie. Chantre du « bien manger » et du « bien boire » à une époque où tout le monde ne mangeait pas à sa faim, c'était un alcoolique de forte constitution. On peut même supposer que l'abus d'alcool provoqua sa cécité.

Ses connaissances en mythologie, sa très grande culture tendent en effet à prouver qu'il n'était pas aveugle de naissance. Ses chansons à boire sont subtiles et constituent davantage des odes à la bonne chère que des appels à la beuverie.

Philippot lui-même attribua sa cécité à l'abus de boisson comme en témoigne ce passage de la chanson *Je suis l'illustre Savoyard* :

« … Mais ce vin dont je suis charmé
Malgré cette offense reçue
Pour être toujours bien aimé
M'ôte le regret de la vue.

(…) Homère, ce chantre divin,
Comme moi digne de mémoire,
Eut tant d'amour pour le bon vin
Qu'il perdit les yeux de trop boire. »

Dans une autre chanson, il déclare :

« N'oubliez pas le Savoyard
(…) S'il n'eût pas été si paillard
Il n'aurait pas perdu la vue. »

Une recherche que relate Claude Duneton montre qu'il a probablement perdu la vue entre 22 et 25 ans à la suite d'une dégénérescence du nerf optique, sans doute provoquée par l'abus d'alcools tels que le rhum, l'absinthe, mais aussi des alcools frelatés et dangereux comme l'alcool méthylique.

**Qu'ils fussent simples chansonniers ou grands compositeurs, rares sont les musiciens qui n'appréciaient pas le vin. Certains firent même preuve de très bonnes connaissances en la matière et d'un goût raffiné.**

# L'EAU EST VRAIMENT TROP MAUVAISE !

Il ne fait aucun doute que les chansonniers, en particulier ceux de la Société bachique et chantante du Caveau au XIX^e siècle, appréciaient le vin.
Il faut dire que c'était le Second Empire, comme l'a si bien décrit Sainte-Beuve : « On pratiquait l'épicurisme tout de bon ; on répétait en chœur la ronde bachique d'Armand Gouffé : Plus on est fous… et, du Café des Variétés au Café de Chartres, on s'en allait fredonnant la devise de Désaugiers et du Caveau :
Aime, ris, chante et bois,
Tu ne vivras qu'une fois. »

En route pour Saint-Cloud *par Honoré Daumier (1808-1879).*

*Pierre Jean de Béranger (1780-1857), poète et chansonnier français, en prison. Gravure d'après le tableau de Jean Auguste Dubouloz (1800-1870).*

Dès les premiers temps du Caveau, le vin fut au cœur de l'activité du club. Ainsi, Jean-François de La Harpe décrivait-il Charles Panard comme « Un homme d'un caractère probe, de mœurs simples et d'un esprit sain, quoique buveur de profession ». Gai, franc et loyal, très apprécié de ses compagnons, Charles Collé regrettait néanmoins que sa vie ne fût pas plus mondaine : « M. Panard s'était trop renfermé dans des sphères bourgeoises ; il a vécu aussi un peu trop constamment au cabaret ». Sa chanson *Pourquoi boire de l'eau ?* est éloquente :

« Fuyons le triste breuvage
Dont les poissons font usage ;
Des Dieux, ce fatal fléau
N'est que pour les niguedouilles.
Eh ! pourquoi boire de l'eau ?
Sommes-nous donc des grenouilles ? »

Durant les années 1820, les réunions du Caveau étaient dominées par Marc Antoine Désaugiers, chanteur et improvisateur hors pair. « C'étaient alors des équipées splendides où les soucis se noyaient dans un fleuve d'Aï et de gaîté » relate le chroniqueur Alfred Delvau en 1859, à l'occasion d'une réédition des chansons de Désaugiers. Le vin d'Aï était en effet particulièrement à la mode sous le Second Empire. Delvau poursuit : « Il prenait le temps comme il venait, buvait les meilleurs vins, estimait les meilleurs hommes, aimait les meilleures femmes, et s'esclaffait de rire devant tous les vices et devant tous les ridicules, - sans songer à corriger rien ni personne. »

Delvau le compare à Béranger, son idole car il est républicain comme lui : « Mais il ne faut pas parler de Béranger à propos de Désaugiers : ils n'ont aucun rapport. On chante l'un en buvant ; on le chante surtout lorsque le vin vous a rendu indulgent. On chante l'autre en rêvant : on le lit. Les chansons de l'un sont des compulsoires de buvettes, les chansons de l'autre sont... autre chose. « Beaune et Chambertin ! » voilà ce qu'il y avait écrit sur le drapeau de Désaugiers, - un drapeau blanc comme une nappe. « Patrie et liberté ! » voilà ce qu'il y avait écrit sur le drapeau de Béranger, -un drapeau tricolore ! »

Mais Delvau semble néanmoins reconnaître que les convictions politiques ne sont pas toujours suffisantes dans la vie : « Il faut rire de tout, de tous et de toutes dans la vie. Cela console et réconforte. Les oiseaux chantent :

chantons. Les vignes des coteaux luxuriants de Bourgogne se dorent à notre intention : buvons. Chanter et boire, boire et chanter — tel est le devoir de tout homme honnête et bien portant. Il s'agit de vivre dans un agréable oubli de la vie — ainsi que le recommandait Horace, le plus éloquent des épicuriens d'autrefois ».

Pierre-Jean Béranger fut introduit au Caveau en 1813 par Désaugiers. Il devint par la suite le poète national, l'écrivain français le plus connu à l'étranger, à l'époque de Victor Hugo, Alphonse de Lamartine ou Alfred de Vigny. La France entière connaissait ses chansons : on les chantait à la campagne, dans les ateliers, à la guinguette... Il refusa pourtant toujours d'entrer à l'Académie française, repoussant les honneurs et les pensions.

Le créateur de la chanson philosophico-politique est l'auteur de nombreux textes à la gloire du vin, ce qui prouve qu'il devait fort bien l'apprécier. C'était l'idole de Sainte-Beuve qui écrit à son sujet dans les *Nouveaux Lundis* (18 novembre 1861, tome 1) : « D'un côté nous avons un Béranger bonhomme, sensible, indulgent et béat, toujours le verre en main et pleurnichant, bénissant le pauvre et la fille légère, trinquant avec le curé joufflu et le vieux sergent... voilà un Béranger vulgaire et qui a été cher à beaucoup, qui l'est peut-être encore. Suit le Béranger qui est tout le contraire, le " faux bonhomme qui calcule tout, qui ricane de tout, qui tire toujours son épingle du jeu ". Enfin, existe le Béranger " véritable ", « capricieux, compliqué et faible aussi, plein des passions de la vie, timide par instants, ambitieux par éclairs, souvent redoutable, charmant presque toujours. »

Chansonnier du peuple des campagnes, Pierre Dupont trouvait dans le vin une importante source d'inspiration. Condamné à sept ans de déportation après le coup d'État du 2 décembre 1851 pour ses chansons et sa réputation de socialo-républicain, il demanda grâce et l'obtint. Mais cela porta un coup fatal à sa réputation : la bourgeoisie devint méfiante, le prolétariat ne lui pardonna pas de s'être ainsi abaissé face au pouvoir.

Dans *Le Pamphlet du Pauvre*, Pierre Brochon décrit la fin de ce célèbre chansonnier français : « Ce ne fut bientôt qu'un poète déchu et impuissant, sombrant dans l'alcoolisme, une épave ». Il mourut en 1871 à 50 ans, peut-être sous le coup d'une cirrhose que lui auraient valu certaines « habitudes fâcheuses » (citation de l'article nécrologique du *Figaro* paru le lendemain de sa mort).

## Lully le débauché

Repéré à Florence par le chevalier de Guise, Giovanni Battista Lulli entra au service de Marie Louise d'Orléans, duchesse de Montpensier. Simple petit valet, sa vie de galopin appréciant la bonne chère et le vin le mena dans les tavernes parisiennes de La Croix de Lorraine ou du Bel Air. Là, il noua des liens avec les musiciens et poètes les plus connus du royaume, s'encanaillant dans ces lieux de débauches.

Il amusait la compagnie, rendait de petits services. Son aptitude à vider les bouteilles le fit adopter par tous, en particulier par les vingt-quatre violons du roi auxquels il soutira tous les secrets liés à leur art.

Lorsque Louis XIV accéda au pouvoir, il quitta le service de la Grande Mademoiselle et se présenta à la cour en tant que danseur. Fort de ses relations, il rejoignit la troupe destinée aux plaisirs du Roi. Pour lui plaire, il inventait tous les stratagèmes, n'hésitant pas à se déguiser en Bacchus de comédie pour le faire rire durant les intermèdes. Ce fut le début d'une longue ascension qui le conduisit à orchestrer les plus belles fêtes jamais organisées à la cour, telle celle des Plaisirs de l'île enchantée à Versailles en 1664 ou les fêtes de l'amour et de Bacchus en 1672, au théâtre du Jeu de Paume.

Avec Molière, il écumait le Bel Air, le Mouton blanc... vidant des verres de vin en braillant des couplets fripons, réclamant parfois son violon pour jouer magnifiquement devant les buveurs médusés. Après la disgrâce de son compagnon, il se lia avec Jean Racine pour des virées nocturnes. Vexé d'avoir été écarté de l'écriture d'un livret d'opéra, Jean de La Fontaine se vengea du Florentin (naturalisé Français en 1661) par un épigramme :

« Vous ne connaissez pas encore le Florentin
C'est un paillard, c'est un mâtin
Qui tout dévore,
Happe tout, serre tout : il a triple gosier. »

Rejeté par le roi, cerné d'ennemis, Lully continua jusqu'à la fin de sa vie à fréquenter les tavernes, chantant avec nostalgie la chanson du *Bourgeois Gentilhomme* de son ami Molière :

« Buvons, chers amis, buvons !
Le temps qui fuit nous y convie.
Profitons de la vie
Autant que nous pouvons.
Quand on a passé l'onde noire,

Adieu le bon vin, nos amours.
Dépêchons-nous de boire
On ne boit pas toujours. »

À 54 ans, le père de l'opéra à la française s'éteignit, ignoré du roi. Au soir de sa vie, ce dernier se rappela Lully et Molière, l'un jouant du violon et l'autre costumé en mamamouchi, chantonnant en riant :
« Sus, sus ; du vin partout : versez, garçon, versez,
Versez, versez toujours, tant qu'on vous dise : Assez ! »

Page de droite : Femme accordant un luth *par Gerrit Van Honthorst (1590-1656).*

*Suite de l'Histoire du Roi, 5e série, 3e pièce supplémentaire : Le baptême du Grand Dauphin à Saint-Germain en Laye, le 24 mars 1668 par l'atelier de Delatour (XVIIIe siècle).*

## Les joyeux musiciens français du XVIIIe siècle

Les musiciens du XVIIIe siècle étaient de bons buveurs. Dans ses *Confessions*, Rousseau dit du professeur de musique de sa jeunesse qu'il aimait le vin et qu'en travaillant dans son cabinet, il jouait du violoncelle sans être vraiment ivre mais toujours « pris de vin. »
Quant à George Sand, dans son roman *Consuelo* dont l'action se déroule au XVIIIe siècle, elle témoigne combien les musiciens qui ne buvaient pas de vin étaient suspects :
« Vous êtes de drôles de musiciens ! s'écria Mayer en riant, avec son air de franchise et d'insouciance ; des musiciens qui ne boivent pas ! Vous êtes les premiers de ce caractère que je rencontre. »
Les librettistes d'opéra du XVIIIe siècle chantèrent largement le vin, trouvant là un bon moyen sans doute de compenser ses mauvais effets sur la voix !
On dit que Jean-Sébastien Bach dépensait davantage d'argent pour l'achat de vins que pour ses voyages. Ses suites pour violoncelle évoqueraient même les grands crus de Bourgogne !
Enfin, le chevalier de Gluck, auteur d'opéras tels que *Orphée et Eurydice* ou *Alceste*, avait la réputation de ne pouvoir écrire qu'assis dans l'herbe, plusieurs bouteilles de Champagne dans un seau rafraîchissant à côté de lui.

## Haydn le bon vivant

Haydn était un bon vivant. En 1779, après dix-huit ans de bons et loyaux services auprès de son protecteur, le prince Esterhazy, il n'oublia pas de négocier, outre une amélioration substantielle de sa condition, « neuf tonnelets de Vin d'officier » en tant que maître de chapelle et « neuf autres tonnelets » en tant qu'organiste.
Dans une lettre à son amie viennoise Marianne von Genzinger, en 1791, il se plaignait des nombreuses sollicitations dont il était l'objet. Invité à un concert organisé par une loge maçonnique à Londres, il fut accueilli par exemple en héros et invité à dîner après la musique dans une belle salle destinée à recevoir les 200 amateurs :
« J'étais censé m'asseoir à la table d'honneur mais, comme j'avais dîné en ville ce jour-là et mangé plus que d'habitude, je déclinai cet honneur en prétextant ne pas

*Joseph Haydn (1732-1809).*

Page de droite : Mozart enfant jouant au piano avec son père et sa sœur *par Louis Carrogis (1717-1806), dit Carmontelle.*

me sentir bien. Ce qui d'ailleurs ne m'a pas dispensé de vider force verres de Bourgogne à la santé de tous ceux qui étaient présents et ce n'est qu'après leurs réponses qu'on m'a laissé rentrer chez moi ! »

Invité à une *garden-party* organisée par la duchesse d'York, il nota la recette du punch servi par le prince de Galles : « 1 bouteille de Champagne, 1 bouteille de Bourgogne, 1 bouteille de rhum, avec 10 citrons, 2 oranges et 1 livre 1/2 de sucre ».

À la fin de sa vie, il mena une vie calme à Gumpendorf (près de Schönbrunn), mais non exempte de vin, comme le relate celui qui fut son copiste, Johann Elssler : « On dînait de pain et de vin : Haydn s'était imposé de ne prendre le soir que du vin et pain, loi qu'il ne transgressait que de temps à autre, lorsqu'il était invité. »

Franz Joseph Haydn était fort raisonnable, ce qui n'était pas le cas de son frère cadet, Michael Haydn, également musicien, selon le témoignage même du père de Mozart. Dans des lettres à son fils, et bien qu'il reconnût les talents de musicien de celui qui était au service de l'archevêque de Salzbourg, Léopold raillait ses penchants pour la bouteille.

Ainsi écrivit-il le 2 octobre 1777 : « (...) la musique d'entractes de Haydn est si bonne que l'archevêque lui a fait l'honneur de lui dire, à table, qu'il n'aurait pas pensé que Haydn était capable d'écrire quelque chose de ce niveau et qu'au lieu de bière *(généralement servie à la cour aux domestiques et aux compositeurs),* il ne devrait boire que du Bourgogne » !

## Mozart le connaisseur

D'une enfance passée à côtoyer les vins et eaux-de-vie de Salzbourg et d'un père qui se considérait lui-même comme un « buveur acharné », Mozart conserva le goût du bon vin. D'un caractère joyeux et festif, il appréciait les soirées arrosées de vins de Tokay, de Moselle ou de bière.

Il buvait beaucoup en composant pour stimuler son esprit. On dit même qu'il composa l'ouverture de *Don Giovanni* en buvant du punch, deux jours avant la création de l'opéra ! Mais la clarté et la netteté de ses partitions laissent penser qu'il s'arrêtait avant une complète ivresse.

Ses voyages lui permirent de goûter à de nombreux crus de toutes origines, d'où peut-être cette allusion au marzimino dans *Don Giovanni*, un vin du Trentin fort réputé que l'auteur du livret, Lorenzo Da Ponte, devait apprécier aussi. On dit que ce dernier aimait s'asseoir à sa table de travail vers minuit, une bouteille de Tokay à sa droite, une tabatière pleine de tabac de Séville à sa gauche et une jeune Allemande de 16 ans à portée de sonnette...

La correspondance de Mozart fourmille de ce qu'il mangeait et buvait : en 1770, lors d'un voyage en Italie, il évoque un déjeuner à la table d'un moine dominicain doté d'un appétit gargantuesque qui lui aurait servi un « grand verre de robuste vin espagnol. »

Lors de son séjour à Paris avec sa mère, en 1778, celle-ci se plaint de la nourriture chère et médiocre : « Une livre de bon beurre coûte de 30 à 40 sols. La livre de bœuf 10 sols, le veau de 12 à 14 sols, un gigot d'agneau trois livres, un jeune poulet trois livres, le vin est cher et mauvais, tout est gâché par les aubergistes. C'est encore plus cher qu'en Angleterre lorsque nous y étions (entre 1764 et 1765) ». En 1790, sur le chemin de Francfort, il évoque dans sa correspondance le vin de Moselle auquel il goûta.

Il aimait aussi le Champagne bien sûr. D'ailleurs, lorsqu'il séjourna à Strasbourg en 1779, les musiciens firent la fête à grand renfort de Champagne. Son ami Richter, maître de chapelle, l'étonna par sa résistance : malgré ses 78 ans, il buvait quotidiennement une vingtaine de bouteilles de vin. « Et encore, souligne Mozart, il a réduit puisqu'il en absorbait 40 ! » Lorsque Léopold rendit visite à son fils à Vienne, en 1785, Mozart lui fit mener grand train, notamment avec du Champagne.

Vin et santé étaient d'ailleurs pour Mozart étroitement liés : en 1791, alors que sa femme Constance était en cure à Baden, il lui conseilla de boire un « vin sain et pas trop cher » car « l'eau est vraiment trop mauvaise » !

Franz Schubert au piano, *Julius Schmid (1854-1937), 1897.*

## Schubert et le vin nouveau

Dans la Vienne de Metternich, les auberges servaient de refuge aux jeunes intellectuels portés par la Révolution française, mais soumis à un joug policier n'hésitant pas à bafouer les libertés les plus fondamentales. On cherchait à fuir la réalité pour rêver d'un monde meilleur.
Schubert était de ceux là : compositeur marginal, il mettait en musique des poèmes plus ou moins interdits. Vers 1825, avec ses amis musiciens, peintres, écrivains… il se rendait dans la campagne environnant Vienne, près des vignobles. Après de copieux déjeuners bien arrosés, on chantait et dansait dans l'auberge. Schubert ne donna qu'un seul concert public dans sa vie mais beaucoup de prestations privées, les Schubertiades, dont une bonne partie se déroulait dans ces auberges.
Schubert dépensait le peu d'argent qu'il avait à manger et boire somptueusement. Dans une lettre, un de ses amis, le peintre Moritz von Schwind, écrit à l'écrivain Franz Schober à propos de Schubert : « Il ne voulait aller dans aucun autre café que le Lenkay où il allait toujours avec Senn. Arrive alors une demi-bouteille de Tokay et, comme nous ne pouvions plus sans danger continuer à boire plus longtemps, nous versâmes la chopine dans une petite bouteille et nous l'emportâmes. Comme il n'y avait personne dans le voisinage qui puisse la liquider, nous la prîmes et l'emportâmes chez les Hönig où elle apparut au milieu des rires et fut aussitôt bue. Schubert s'est beaucoup amusé… »
Schwind l'entraînait dans les vignobles à la recherche de nouveaux paysages pour ses peintures. Ils découvrirent Grinzing, un charmant village de vignerons. De nombreuses lettres témoignent que là, avec ses amis, Schubert goûtait le vin de l'année et l'appréciait beaucoup.
Certains affirment que le goût de Schubert pour le vin était exagéré… mais aurait-il pu écrire une œuvre aussi immense s'il ne s'était intéressé qu'au vin et aux femmes durant une vie aussi courte ?

À propos de Schubert, son ami Eduard von Bauernfeld devenu, dans les années 1840, l'un des porte-paroles de la Jeune Autriche désireuse de préparer la révolution bourgeoise à Vienne, écrivit ce poème :
« Il prit alors un grand verre à vin
avec majesté, avec gravité,
le remplit jusqu'au bord, le vida
d'un trait rapide et puissant. »

Le 28 novembre 1822, Schubert nota dans son album la célèbre citation de Martin Luther :
« Qui n'aime pas le vin, les filles et le chants, reste un fou sa vie durant. »

Il mourut sans doute de la syphilis, à 32 ans, affaibli par la fatigue, la malnutrition, l'alcoolisme et le tabagisme. Il repose aujourd'hui dans une section spéciale du cimetière central de Vienne, non loin de Beethoven. Sa tombe est entourée d'arbres, de buissons, de fleurs et de vignes.

## Le lourd héritage de Beethoven

Issu d'une lignée de maîtres de chapelle à la cour de Bonn, Ludwig van Beethoven hérita d'un certain penchant pour la boisson de sa grand-mère paternelle, Maria Josepha Poll, qui finit sa vie enfermée dans un cloître. Peut-être transmit-elle sa maladie à son fils, Johann, le père de Ludwig ? À moins que ce dernier n'ait abusé du vin dont le commerce faisait vivre la famille… Toujours est-il que Johann sombra dans l'alcoolisme, miné par les difficultés financières, le décès précoce de sa femme, infligeant au petit prodige un calvaire.

Outre les dettes qu'il contractait pour continuer à écumer les cabarets, Johann se promenait dans le voisinage, buvant du vin à la bouteille, perdant tout sens de la bienséance, n'hésitant pas à faire des avances à ses élèves...
C'est dans ce contexte que grandit Ludwig, tout d'abord instruit par son père puis par un ami, musicien acteur excentrique, compagnon de beuverie. Quand ils avaient bu dans un débit de vin jusqu'à onze heures ou minuit, il réveillait parfois brutalement son fils, l'obligeant à jouer jusqu'au petit matin. Ludwig ne critiqua jamais publiquement son père dont le comportement contribua néanmoins fortement à forger son caractère.
Lorsqu'il mourut, les autorités se montrèrent sarcastiques en indiquant que « les revenus sur les boissons allaient subir une baisse ».
Dans sa jeunesse, Beethoven profita à Vienne des divertissements chers aux Viennois et notamment des auberges et des *Weinstuben* (débits de vin) qui proliféraient partout. Il buvait beaucoup, comme en témoignent les dépenses quotidiennes de son ménage, soigneusement détaillées par le biographe Alexander Wheelock Thayer : « Il buvait beaucoup de vin à table, rapporte son ami Karl Holz à Otto Jahn, mais il en supportait de grandes quantités, et en joyeuse compagnie il lui arrivait d'être éméché ». Il dépassait rarement une bouteille de vin par repas et quand lui et Holz essayèrent un jour de faire passer Sir George Smart sous la table (Smart l'entendit dire à Holz : « Voyons combien cet Anglais peut boire »), ce fut Beethoven qui tint le moins bien le coup.
Atteint de cirrhose, il souffrit beaucoup à la fin de sa vie lorsque les plats étaient mal préparés. Il buvait alors davantage de vin, souffrant souvent de diarrhées. Son ventre devint de plus en plus gros, l'obligeant à porter un bandage. Il se plaignait d'avoir toujours soif, de manquer d'appétit. Les douleurs lui rongeaient le foie et les intestins. L'hydropisie se développa, on lui retira des litres et des litres de liquide par ponction. À quelques jours de sa mort, il réclama des bouteilles de vin du Rhin à l'éditeur Schott (Mayence) « qui me donneront certainement force et vigueur et me rendront la santé ». Il mourut à l'âge de 57 ans avant de les avoir goûtées mais en les regardant et en disant « Dommage, dommage ! Trop tard ! ». Ce furent ses dernières paroles avant de sombrer dans le coma.
On emploie souvent à propos de la musique de Beethoven l'adjectif « dionysiaque ». Il aurait en effet saisi que « la modernité avait des connivences avec Dionysos, que ce n'était pas en prenant ce dieu pour sujet mais en s'inspirant de celui qui brouillait toutes les limites et ouvrait sur l'altérité que l'on faisait œuvre nouvelle ».
Hector Berlioz voyait dans le premier mouvement de sa *Septième Symphonie* une ronde de paysans, mais Alexandre Oulibicheff y percevait une mascarade, le divertissement d'une foule ivre de joie et de vin, Paul Bekker la qualifiait « d'orgie bachique » tandis qu'Ernest Newman la décrivait comme le « surgissement d'un puissant élan dionysiaque, un divin enivrement de l'esprit ».

## L'Ode à la vigne et au vin

*L'Ode à la joie* est à l'origine un poème de Friedrich von Schiller que Beethoven raccourcit et modifia pour le faire chanter par les chœurs du 4e mouvement de sa *Neuvième Symphonie*. On évoque souvent l'aspect dionysiaque de ce final : recherche de la joie et notamment de la joie dionysiaque avec un emballement des *tempo*, une puissance des chœurs et la présence d'une véritable fanfare instrumentale.
Le poème de Schiller (dont la première version date de 1785) fut découvert par Beethoven vers 1792 alors qu'à 22 ans, il s'enthousiasmait pour le souffle révolutionnaire d'outre-Rhin.
Il comporte de nombreuses allusions à la vigne et au vin « pétillant », le faisant presque ressembler à une bonne chanson à boire !
« La joie pétille dans les verres,
Dans le sang doré de la grappe
(...) Frères, d'un bond levez-vous de vos sièges,
Quand circule la haute coupe pleine de vin,
Et que la mousse jaillisse jusqu'au ciel !
Que ce verre soit offert à l'esprit de Bonté ! (...) »

Beethoven ne conserva (sans doute pour recentrer le propos) que les références à l'ivresse provoquée par la joie des bienfaits du monde, des baisers... et des fruits de la vigne !

Portrait-charge de Gioachino-Antonio Rossini en cuisinier *par Étienne Carjat (1828-1906).*

Double page précédente : Gentilhomme dans une auberge du XVII^e siècle *par Adrien Ferdinand de Braekeleer (1818-1904).*

## Rossini, le fin gastronome

Gioacchino Rossini donna son nom au célèbre tournedos tartiné de foie gras. Casimir Moisson, chef de la Maison Dorée, lui aurait dédié cette « hérésie culinaire ». Mais il laissa aussi son nom à d'autres créations : œufs pochés, poulet, filet de sole, cannellonis… Pourquoi un tel succès ? À n'en pas douter, ce fils d'un inspecteur de boucherie de Pesaro fut un fin gastronome, passionné de cuisine et qui n'hésitait pas à échanger avec le chef Antonin Carême, alors qu'il était en pleine création musicale à Bologne, des pâtés contre des airs d'opéra !
Stendhal rapporte, dans sa *Vie de Rossini* que l'air de l'opéra *Tancrède* « Di tanti palpiti » réputé partout en Europe, avait été surnommé « l'aria du riz » car Rossini l'aurait composé en attendant sa portion de risotto dans un restaurant de Venise !
Le fait que Rossini cessât, après une carrière extrêmement prolixe (40 opéras) quasiment toute activité musicale à l'âge de 37 ans pour profiter des plaisirs de la vie, n'est peut-être pas étranger à cette notoriété culinaire.
Fortune faite, il s'installa en effet à Paris, se promenant chez les meilleurs fournisseurs de tagliatelles et de macaronis. Il avait sa table attitrée à La Tour d'Argent, chez Bofinger, au Café des Anglais ou chez Lucas et Marguerite. En homme du monde, il aimait recevoir et, bien sûr, offrait de somptueux dîners à ses hôtes (Gustave Doré, le prince Poniatowski, Dumas père…). L'ambassadeur d'Autriche Richard von Metternich évoque ainsi ses soirées à la table du musicien : « J'ai des frissons chaque fois que j'y pense ». Néanmoins, certains n'appréciaient pas particulièrement sa cuisine, tel le musicien Daniel Auber qui déclara « Rossini est un très grand musicien et fait de la belle musique, mais une exécrable cuisine ».
Un tel amateur de gastronomie ne pouvait bien sûr rester insensible aux vins. On dit qu'enfant de chœur, il tomba sous le charme du vin de messe ! Sa cave légendaire était remplie de vins rares. Alors en activité, il avait une façon bien à lui de décrire le succès d'une représentation en dessinant une bouteille : plus elle était grande, plus le fiasco était important ! Ainsi, le 20 février 1816, son *Barbier de Séville* fut un énorme échec. Rossini dessina à sa mère une énorme bouteille qui occupait toute la page.
Par contre, *Le Comte Ory*, représenté pour le première fois le 20 août 1828 au théâtre de l'Académie Royale de Musique de Paris, enthousiasma le public, à commencer par Hector Berlioz. Cette gaillardise bien française met en scène un séducteur impénitent qui se déguise pour mieux guetter les femmes et les sœurs des preux chevaliers de la croisade réfugiées au château de Formoutiers. Liszt, qui avait monté l'opéra à Weimar, disait que ses mélodies coulaient comme du Champagne ! Déguisé avec ses amis en pélerine, le comte s'égare du côté de la cave : « Qu'il avait du bon vin le seigneur châtelain ! ». Les critiques des frères Escudier après la première furent éloquentes : « Ah ! ce fut une belle soirée que la première représentation du *Comte Ory*. On eut dit que le public avait le cerveau échauffé par les vapeurs du vin, tant il mit de chaleur à manifester son enthousiasme. Cette musique d'un style tout nouveau, d'une coupe particulière, bouillonnant comme le Champagne aux oreilles de la foule émerveillée, produisit un effet électrique... »

## Brillat-Savarin, chantre du goût et brillant musicien

Magistrat, juge de Belley dans le Bugey (Ain), Anthelme Brillat-Savarin appartenait à l'élite de la bourgeoisie locale. Révolutionnaire modéré, il s'opposa notamment à un projet de réorganisation administrative de la France visant à créer des départements de formes géométriques ! Fuyant la Terreur, il se réfugia en Suisse, puis à New York où il gagna sa vie en tant que musicien car il était excellent violoniste. À son retour, il reprit sa carrière de juge, se rallia à Bonaparte puis à Louis XVIII.

Passionné de gastronomie, il publia en 1826, quelques mois avant sa mort une *Physiologie du goût* sans toutefois signer l'ouvrage. Il reste le premier à avoir analysé les plaisirs de la table, fondant ainsi la gastronomie des temps modernes. Truffée d'anecdotes, de méditations et d'aphorismes, sa « Physiologie » explique par exemple comment la France, en attirant les étrangers par sa gastronomie et ses vins, arriva à payer les énormes réparations exigées par les vainqueurs après la chute de l'Empire napoléonien !

Ses propos sur le vin restent relativement brefs : « Le vin, la plus aimable des boissons, soit qu'on le doive à Noé, qui planta la vigne, soit qu'on le doive à Bacchus, qui a exprimé le jus de raisin, date de l'enfance du monde ; et la bière, qu'on attribue à Osiris, remonte jusqu'aux temps au-delà desquels il n'y a rien de certain ».

Il recherche les goûts les plus raffinés : pour accompagner un « plat d'épinards à la graisse de caille », il faut « trouver mieux que la piquette aigrelette de Suresnes ». Il plaint enfin ceux qui n'ont jamais goûté le Champagne mousseux, la Malvoisie de Madère ou les liqueurs. Il ajoute également : « Chaque foudre est un réservoir d'optimisme, de joies et de chansons ».

De plus, il consacre même un chapitre aux chansons, reprenant des textes du marquis de Racan ou cet « Air » de Pierre Motin :

« Que j'aime en tout temps la taverne !
Que librement je m'y gouverne !
(...) C'est Bacchus que nous devons suivre ;
Le nectar dont il nous enivre
(...) Quand j'ai mis quarte dessus pinte ,
Je suis gai, l'oreille me tinte.
Je recule au lieu d'avancer (...) »

Ses propos brefs sur le vin lui valurent un commentaire acide de Baudelaire dans *Les paradis artificiels* (« Du vin et du haschich ») : « Ah ! chers amis, ne lisez pas Brillat Savarin (...) espèce de brioche insipide dont le moindre défaut est de servir de prétexte à une dégoisade de maximes niaisement pédantesque tirées du fameux chef-d'œuvre ».

## La vie débridée d'Hector Berlioz à Rome

Dans ses *Mémoires*, Hector Berlioz évoque la consommation de vin de Bordeaux et de Champagne des candidats au Prix de Rome durant les épreuves préliminaires. Il passa plusieurs fois ce concours avant de remporter le Grand prix et de se rendre à l'Académie de France à Rome. Après un voyage long et fatigant, il raconte son arrivée sur les hauteurs de la cité pontificale : « Mais un jour, sur les dix heures du matin, comme nous venions d'atteindre un petit groupe de maisons appelé la Storta, le *vetturino* me dit tout à coup d'un air nonchalant, en se versant un verre de vin : *Ecco Roma, signore* ! »

À l'Académie, il mena la vie débridée des pensionnaires, fréquentant le Café Greco, buvant vin et punch à table. Il se faisait entraîner par ses compagnons dans les petits

*Hector Berlioz (1803-1869), composant* Les Troyens, *par Lionello Balestrieri.*

Page de droite : Le petit violoneux endormi *par Antoine Auguste Ernest Hébert (1817-1908).*

restaurants italiens : « Bientôt apparut un petit monticule de fumants macaronis : ils m'invitent à y plonger la main droite à leur exemple ; un grand pot de vin du Pausilippe fut placé sur la table, et chacun de nous y buvait à son tour, après, toutefois, un vieillard édenté, le seul de la bande qui devait boire avant moi, le respect pour l'âge l'emportant chez ces braves enfants, même sur la courtoisie qu'ils reconnaissaient devoir à leur hôte. »

## La saga des Johann Strauss

Aucune cité ne fut autant imprégnée de musique que Vienne au XIXe siècle. Sur les places, dans les tavernes et les petites auberges rustiques enfouies au creux des forêts alentours, les nobles se mêlaient au petit peuple pour danser au son de la musique douce et légère de la région. Dans les cours ombragées des *Heurigen*, les Viennois goûtaient avec bonheur le vin nouveau (*heuriger*) en écoutant les troupes de musiciens jouant des *ländler* bien rythmés. Les vins blancs produits sur les rives du Danube n'étaient certes pas aussi fins que ceux du Rhin et de Moselle, mais ils plaisaient pour leur fraîcheur piquante et légère. Beethoven, Schubert, Schumann apprécièrent ces lieux de détente et d'oubli.

C'est dans cette ambiance joyeuse et festive où le brassage des classes sociales n'eut jamais d'équivalent ailleurs, que vécut le père de la valse, Johann Strauss.

Élevé dans une famille de taverniers, Johann passait des heures à écouter, recroquevillé entre les tonnelets et les jambons, les musiciens ambulants jouant du violon, du violoncelle ou de la cithare. Décidé à devenir musicien, il améliora la sonorité de son premier violon en lui versant de la bière dans les ouïes !

Engagé dans l'orchestre de Michael Pamer, qui avait la réputation d'être alcoolique mais faisait merveilleusement danser les Viennois, il s'inspira des danses rustiques à trois temps que les musiciens des bateaux du Danube avaient répandues dans les cabarets riverains pour inventer la valse.

En 1833 (à 29 ans), sa prestation dans la plus belle salle de danse de Vienne, Sperl, laissa Richard Wagner admiratif : « Je n'oublierai jamais l'accueil comme hystérique fait par ce curieux peuple à chacune des œuvres de Strauss. Un démon nouveau semble s'emparer de cette populace viennoise dès que commence une nouvelle valse. Il est hors de doute que ces frissons de plaisir qui la secouent viennent de la musique plus que du vin et j'ai le vertige de voir la frénésie qu'ils ont pour la musique de ce maître magicien ».

Ce fut le début d'une brillante carrière qui le mena à Paris en 1937 où il dut sévèrement rationner ses musiciens, les vins français de Bordeaux et de Bourogne se révélant nettement plus capiteux que les légers crus viennois !

En Écosse, tous les musiciens tombèrent malades. Un médecin local prescrivit une grande quantité de vin de Bordeaux avec de la noix de muscade et du gingembre. Strauss faillit mourir mais finit par guérir.

Sur le plan familial, Johann était trop volage et finit par entrer en conflit avec sa femme. De plus, il s'opposa fermement à ce que son fils devînt aussi musicien. Passé de mode après le souffle révolutionnaire qui balaya l'Europe en 1848, il s'éteignit dans la solitude un an plus tard.

Son fils Johann reprit le flambeau, réussissant l'exploit de dépasser la notoriété de son père en composant des valses tel que *Le beau Danube bleu*, *La valse de l'Empereur*, *Aimer, boire et chanter*…

Terrorisé à l'idée de monter dans un train, il faisait ample provision de Champagne pour combattre sa phobie et passait la majeure partie du trajet couché sous la banquette !

À Paris, en 1860, il rencontra Jacques Offenbach qui lui conseilla d'écrire des opérettes. Mais il fallut la complicité de sa femme et d'un producteur pour le convaincre de composer pour le théâtre. De là est née *La Chauve-Souris*, peinture sans concession des nouveaux riches viennois, mais aussi véritable ode au Champagne.
Johann Strauss fils s'éteignit quelques jours après avoir dirigé *La Chauve-Souris* pour la fête de l'Ascension, le 3 juin 1899.

## Liszt, l'amateur de Champagne

Pianiste et compositeur hongrois très doué, Liszt était un amateur de Champagne comme le rapporte Honoré de Balzac (qui ne l'aimait pas beaucoup) dans une lettre à son amie Madame Hanska (23 juin 1844) : « Il n'est rien advenu du dîner de Rothschild, car nous y étions 25. Mais j'y ai trouvé Liszt. (…) Il m'a dit de le rappeler au souvenir d'une certaine personne, si, toutefois, j'y allais avant lui. Je me suis dirigé vers mon avenue sans lui avoir répondu. Ceci venait après un : Dites-lui de m'écrire un mot où je serai, n'importe où, que j'attribuais déjà au vin de Champagne dont il a bu avant une abondance effrayante. »
Il faut dire que la vie sentimentale de Liszt fut assez compliquée et, pour tout dire, plutôt scandaleuse car ses choix se portaient généralement sur des femmes mariées ! Certains attribuaient son succès à sa prodigalité à offrir du Champagne. Henri Heine dans un article paru le 8 mai 1844 dans *Allgemeine Zeitung*, le soupçonnait ainsi d'organiser ses succès à Paris : « La mousse pétillante du vin de Champagne et la réputation d'une libéralité prodigue,

Franz Liszt au clavier *par Josef Danhauser (1805-1845).*

trompetée par les journaux les plus dignes de foi, sont un appât avec lequel on gagne des recrues dans chaque ville ». Le 18 mai 1845, *Le Ménestrel* relata dans ses causeries musicales les périples de Liszt à travers les cours royales d'Europe et son retour à Marseille, où il trinqua avec les ouvriers de la manufacture Boisselot et Compagnie : « Franz Liszt, l'empereur de la fête, circule autour des tables : au char près, il ressemble au dieu Bacchus ; il trinque avec les ouvriers, leur prodigue d'affectueuses paroles, les gratifie de nombreuses poignées de main ; puis il s'élance au piano d'un air égaré... »
En octobre 1853, Liszt retrouva Alfred de Musset à Paris. Il écrivit à une compatriote, Janka Wohl :
« ...L'œil terne, la démarche traînante, il ne me répondait que par monosyllabes. Je l'emmenai chez moi, où il tomba lourdement dans un fauteuil.
- Donne-moi à boire, me dit-il.
Je lui versai un verre de Bordeaux.
- Tu en es encore à te contenter de lait, à ce qu'il paraît, fit-il, et je vis une lueur d'intelligence poindre dans ses yeux. Je lui versai un second verre et, peu à peu, sous l'influence du suc généreux, une transformation s'opéra en lui. »

La « lueur d'intelligence » fait référence au fait que Liszt abusait en fait du Cognac, au grand désespoir de ses proches. Muse des romantiques et maîtresse d'écrivains tel que Gustave Flaubert, Louise Colet détestait Liszt. Dans son ouvrage *Les derniers abbés*, elle consacra deux chapitres entiers à Liszt : « En le regardant manger en gourmet et vider en Allemand les flacons de vins de Marsala et de Chypre, en l'écoutant parler légèrement, en dilettante, des opinions trahies et des amours brisées, choses sacrées qui bouleversent et terrassent les âmes ; je me disais : il a la faconde puérile, les habitudes sensuelles (...) juste l'étoffe qu'il faut pour faire un parfait abbé romain. »
Liszt finit en effet sa vie en tant qu'abbé, déçu par ses amours et surtout très affecté par le décès de ses enfants. Le 4 juin 1865, alors qu'il s'apprêtait à célébrer sa première messe, *Le Ménestrel* publia un article fort désobligeant à son égard : « Pendant que Franz Liszt prend les ordres religieux à Rome, se dispose au canonicat et à la maîtrise de Saint Pierre, Sigismond Thalberg *(son rival de toujours)* se fait simple vigneron à Naples, dans sa propriété de Pausilippe. Il y plante et cultive de ses modestes mains le cep de vigne que lui a légué Lablache. Est-il besoin de se demander lequel de ces deux célèbres pianistes est le véritable philosophe ? »

Portrait de Louise Colet *par Alphonse Léon Noël (1807-1884).*

Liszt resta néanmoins un amateur de vin comme en témoignent les vins servis au dîner qu'on lui offrit le 31 mars 1886 à Paris, à L'Hôtellerie du Lyon d'Or : Saint-Estèphe en carafe, Château Rayne-Vigneau 1874, Cos d'Estournel 1877, Château Durfort (monopole 1874), Champagne Lyon d'Or frappé et Tokay doux.
Comme Beethoven, on a attribué à la musique de Liszt le qualificatif de « dionysiaque » cher à Friedrich Nietzsche, sans doute parce qu'elle fait subir d'importantes métamorphoses aux éléments du langage musical et à ses formes consacrées. De là naît cette impression d'une musique « expression des forces de l'instinct dionysiaque jusqu'ici refoulé par la tradition musicale européenne. »

## Les vignes de Giuseppe Verdi

Fils d'un aubergiste de campagne, profondément attaché à la terre, Giuseppe Verdi bâtit, arpent après arpent, un important domaine agricole en Émilie Romagne, au bord du Pô, tout près du hameau de Roncole où il naquit.
Son grand-père s'était installé à Roncole en 1791 pour y tenir une taverne, l'Osteria vecchia, et exploiter un petit domaine de 18 hectares loué. La maison natale, aujourd'hui lieu de pèlerinage, était une ferme auberge classique avec, déjà, une cave à vin.
Alors qu'il était loin d'être riche, il s'endetta pour acquérir, en 1848, le domaine de Sant' Agata. La propriété n'était alors qu'une simple ferme équipée pour la culture de la vigne et la vinification dans le climat particulièrement humide et pluvieux de la région. On peut supposer que les vignes cultivées étaient du cépage lambrusco, conduites sur de hautes treilles, le domaine se situant au nord des régions d'appellation actuelles DOC Colli Piacentini et Colli di Parma. Verdi fit de ce domaine l'une des plus importantes propriétés agricoles, décidant de tout (disposition des écuries, des celliers, de la chapelle), menant la vie dure aux régisseurs. Car, malgré une intense activité professionnelle, le maître de l'opéra mondial suivait de très près l'activité de sa ferme.
À partir de 1851, il s'installa avec sa femme à Sant'Agata, vivant confortablement. La maison construite avait l'apparence d'une maison bourgeoise. À chaque repas devaient être servis « trois bons plats, un plat sucré, du dessert, du vin pour deux maîtres et trois domestiques ». Verdi s'occupait donc bien de ses terres, surveillant tout, prêtant la main aux jardiniers pour réparer, tailler… Il aimait les randonnées dans les champs, les bois, les vignes. Chacun des arbres de la propriété porte le nom d'un de ses opéras.
Plutôt âpre au gain, il n'hésita pourtant pas à entreprendre des travaux d'agrandissement qui n'étaient pas indispensables pour permettre aux ouvriers de la région de vivre de leur travail. Il alla même jusqu'à distribuer de la farine et des vivres lorsque la situation l'exigea. Généreux donateur de l'hospice de Villanova sull'Arda, il protesta auprès du directeur du traitement infligé aux pensionnaires : « La nourriture n'est pas suffisante. Le vin l'est encore moins (or la cave est bien pourvue). (…) Je crois l'hôpital bien doté, il n'est donc pas nécessaire de faire des économies excessives. »
Aujourd'hui, on peut visiter la villa Sant'Agata, le cellier est toujours là avec ses cuves en bois ouvertes et le matériel de vinification de l'époque.

*Les musiciens italiens. De gauche à droite : Vincenzo Bellini, Gaetano Donizetti, Giuseppe Verdi et Gioacchino Rossini, XIX^e siècle.*

Page de droite : Richard Wagner *par Auguste Renoir (1841-1919).*

## Wagner le bon vivant

Le premier contact de Richard Wagner avec le vin remonte à l'enfance : il fut figurant dans une pièce intitulée *La vigne au bord de l'Elbe* destinée à souhaiter la bienvenue au roi de Saxe à son retour de captivité. C'était un ange entièrement cousu dans un tricot, avec des ailes attachées dans le dos qui se devait d'adopter une attitude gracieuse !
Plus sérieusement, on connaît assez bien les goûts du grand compositeur en matière de vin grâce à la publication, en 1911 (28 ans après sa mort) de *Ma vie*, rassemblant ses souvenirs et rédigés avec l'aide de son épouse Cosima, entre 1665 et 1880.

À tout juste vingt ans, alors qu'il séjournait chez son frère aîné à Würzbourg, son ami Alexandre Müller l'entraînait dans les guinguettes pour déguster en joyeuse compagnie de la bière et du vin de Franconie. C'est d'ailleurs grâce à ce vin qu'il arriva à vaincre sa timidité auprès des filles : « Le vin de Franconie aidant, je finis par m'afficher avec Friederike comme si nous formions un couple, officiellement reconnu. »

De retour à Leipzig, il composa un opéra et tenta de convaincre un chef d'orchestre, Stegmayer, de le jouer en lui offrant une bouteille de vin ! Mais l'effet s'estompa dès qu'il se mit au piano… se rappelle-t-il dans ses mémoires.

En 1835, à Magdebourg, pour fêter la Saint-Sylvestre, il invita sa troupe à déguster du punch et des huîtres. Minna Planer, qui devint sa femme par la suite, était là. « Ce que le Champagne n'avait pu faire, le punch finit par l'obtenir » commente-t-il en ajoutant que les « fragiles chaînes des convenances auxquelles mes invités devaient ordinairement se soumettre volèrent en éclat ».

En 1840 à Paris, toujours pour la Saint-Sylvestre, ses amis lui firent un surprise : cuisseau de veau, rhum, oie, Champagne… Wagner exprima sa joie : « Le punch venant ajouter ses effets à ceux du Champagne, j'entamais un discours interminable et emphatique ; je finis par monter sur la table en prêchant comme un évangile les théories les plus abracadabrantes sur le mépris du monde et en célébrant les États libres d'Amérique ».

En 1844, il prit ses vacances début septembre dans un pavillon d'été au milieu des vignobles Fischer, non loin de Loschwitz, près du célèbre Clos de Findtal. Là, il acheva dans le calme la composition du deuxième acte de *Tannhäuser*.

Quelque temps plus tard, il se rendit à Dresde pour rencontrer son mandataire et éditeur dans un café. Ce dernier était inquiet à propos de la Foire de Pâques. Pour le rassurer, Wagner commanda une bouteille du meilleur Haut-Sauternes qui se révéla finalement… épouvantable : « Nous bûmes et… nous nous mîmes soudain à hurler comme des possédés en nous efforçant de recracher, affolés, le plus acide des vinaigres à l'estragon qu'on nous avait servi par erreur. »

Lorsqu'il rencontra l'anarchiste Michel Bakounine, il fut choqué par sa façon d'avaler le vin dans de petits verres : « D'une façon générale, il détestait le vin auquel il préférait le choc d'une rasade d'eau-de-vie. Ce qu'il exécrait, c'était le goût du plaisir et à ses yeux, l'homme devait contenter strictement ses besoins. »

À Zürich, il rencontra Jakob Sulzer, un jeune homme promis à un bel avenir politique qui possédait des vignobles. Wagner raconte ses exploits avec ses amis, notamment lorsque, un peu éméchés, ils firent sortir de leurs gonds les lourdes portes de la maison de Sulzer. Ce dernier remit lui-même les portes en place, difficilement, pour que les « débordements de la nuit restassent secrets pour son huissier » !

Ses souvenirs évoquent également ses séjours en France comme cette fois où il se rendit du côté de Montmorency : « J'entrai dans le petit jardin d'un marchand de vin, qui ne connaissait d'affluence que le dimanche pour m'y restaurer d'un peu de pain, de fromage et d'une bouteille de vin ». Il se fit ensuite envahir et même dépouiller de son repas par les poules, ce qui le fit éclater de rire.

À Zürich, il se lança dans une cure d'hydrothérapie, au grand désespoir de ses amis, Sulzer en tête qui le trouvaient pâle et maigre : « Les théories de Rausse sur la toxicité du vin étaient pour eux insoutenables ; alors je m'appuyais sur des raisons d'ordre esthétique et moral pour voir dans la consommation du vin un succédané barbare de cet état de félicité que l'on ne peut trouver que dans l'amour ».

Richard Wagner était un réel amateur de Champagne, n'hésitant pas à emporter son vin favori lors de randonnées dans les Alpes : « Je n'avais pas manqué de prendre avec moi une petite bouteille de Champagne pour faire comme le prince Pückler, quand il a escaladé le Snowdon : mais je ne trouvai personne à la santé de qui je pusse boire. »

Il fut reçu à Épernay par Paul Chandon, érudit, passionné de musique qui lui laissa un souvenir ému : « Dès mon arrivée, je fus immédiatement intégré dans l'accueillante maison de Paul Chandon, admirateur passionné de mes opéras (…) C'est là aussi que je visitai les fabuleuses caves qui s'étendent sur des kilomètres dans les entrailles de la Champagne. »

Pour la première de *Tannhäuser* à Paris, Paul Chandon fit livrer à Wagner une caisse de son meilleur champagne Fleur de Sillery. Malgré l'échec de la représentation, Wagner lui en fut très reconnaissant comme le montre cette lettre datant du 1er avril 1861 :

*Très cher Ami,*

*Je n'aurais jamais pu me consoler de mon chagrin ces dernières semaines, si je ne m'étais rappelé votre amitié. Croyez-moi, ce vin magnifique que vous m'avez envoyé s'est révélé le seul moyen de me rendre goût à la vie et je ne peux que vanter l'effet qu'il a eu sur moi et sur les personnages qui m'entouraient à un moment où il y avait tant de choses que je voulais oublier…*

## Le paradoxe Offenbach

Aucun compositeur ne chanta avec autant d'empressement, de talent et de motivation le vin, en particulier le Champagne, que Jacques Offenbach. Et pourtant, il était la sobriété même !

Père modèle d'une grande famille (quatre filles et un fils), généreux, fantasque, mais aussi perpétuellement inquiet, le roi de l'opéra bouffe à la française ne brilla jamais par ses excès.

Son déjeuner, qu'il prenait régulièrement au restaurant, se composait invariablement d'un œuf à la coque, d'une côtelette et d'un cigare, avec parfois un fruit et une tasse de café au lait accompagné d'une galette.

Certes, durant les années 1850, il organisait de grandes fêtes (parfois au péril de ses propres finances) où les personnalités se bousculaient pour s'amuser, chanter et déguster du Champagne. Mais il n'abusa jamais lui-même, sauf peut-être le jour où parut le décret impérial entérinant sa naturalisation française. En ce 14 janvier 1860, il ne restait pas une pièce de son petit appartement de la rue Laffite où le Champagne ne coulait à flots. Offenbach allait de groupe en groupe, s'écriant : « Fife la Vrance ! »

Le paradoxe voulut qu'il souffrit atrocement de la goutte, une maladie couramment attribuée aux excès alimentaires, lui qui était si maigre. À un journaliste du *Nain Jaune*, il déclara d'ailleurs le 9 avril 1865 : « Quand on est mince et sobre comme moi, il y a une certaine coquetterie à avouer une maladie qui ne s'attaque en général qu'aux puissants de ce monde. J'ai eu la goutte, je le déclare et vous pouvez l'imprimer. »

Épuisé, malade et totalement ruiné, Jacques Offenbach s'éteignit le 5 octobre 1880 après ne s'être alimenté, pendant dix jours, que de grogs chauds à l'eau-de-vie.

## Johannes Brahms le généreux

Johannes Brahms était un Allemand bon vivant qui aimait la bière, mais aussi les vins et les vieux Cognac.

Issu d'un milieu modeste, il se mit à jouer du piano très jeune dans les tavernes et les restaurants pour contribuer aux ressources financières de la famille.

Lorsqu'il se rendit à Vienne pour la première fois en 1862, ce fut l'émerveillement. Il se fit rapidement des amis parmi lesquels le pianiste Carl Tausig, brillant élève de Liszt et de Thalberg, chez qui il se rendait souvent pour goûter Cognac et tabacs turcs.

Dans une lettre à son ami Julius Stockhausen, en novembre 1862, il donne ses premières impressions où perce néanmoins la nostalgie du pays : « J'ai déménagé et habite à dix pas du Prater (vaste parc à proximité du Danube) et peux boire mon vin là où Beethoven buvait le sien. C'est donc assez gai et agréable, ici, puisque ce ne peut être mieux. »

Portrait de Johannes Brahms *par Jean Joseph Bonaventure Laurens (1801-1890).*

Souper du Prince Louis François de Conti, Palais du Temple *par Michel Barthélemy Ollivier (1712-1784).*

Vers le milieu des années 1870, lorsque le quatuor Hellmesberger inscrivit à trois reprises ses œuvres à son programme, son ami chirurgien Theodor Billroth donna un brillant dîner le soir de la première audition, invitant Brahms par ces mots : « Que le meilleur de ma cave et de ma cuisine te soit dédié ! »

Au printemps 1878, à 45 ans, il entreprit son premier voyage en Italie avec son ami Billroth. Venise, Florence, Rome, Naples et la Sicile : le programme était chargé. À Rome, ils furent reçus chez un ami, Wichmann qui avait chargé sa cuisinière romaine, de préparer un repas à l'italienne : *maccheroni con pomi d'oro*, *fritto*, un rôti d'*agnello*, *gnocchi*... le tout arrosé de Frascati et de Belletri.

Billroth s'écria : « C'est là le vin que but Horace ! » en brandissant son verre avec enthousiasme. Brahms se mit alors en tête de ramener chez lui une telle cuisinière, capable de concocter un aussi excellent repas et de l'accompagner de tels vins. Il s'exclama donc « Il faudrait l'épouser », brandissant un verre de vin de Sicile. Mais la belle Romaine refusa de quitter le pays avec un barbare !!!

Brahms aimait également le Champagne. Son amie, Clara Schumann, relate d'ailleurs dans son journal le repas de Noël de l'année 1882 : « Charmante fête, embellie par la gentillesse de Brahms... Nous terminâmes la soirée avec du Champagne. »

À Vienne, durant les années 1886-1890, au sommet de sa gloire, il avait ses habitudes dans un restaurant dénommé « Zum Roten Igel » (Le Hérisson rouge) qui devint grâce à lui le rendez-vous des cercles musicaux de la capitale. Il évitait la salle à manger et préférait la salle d'hôte, choisissant les mets les plus simples. L'hôtesse lui préparait ses plats favoris, conservant à la cave un petit tonneau de Tokay hongrois qui lui était réservé.

En 1887, Debussy (alors âgé de 25 ans et plutôt partisan de Wagner) lui rendit visite à Vienne. Après bien des difficultés, il rencontra le maître durant un dîner au cours duquel Brahms resta muet. Quand on apporta le Champagne, il en fit seulement l'éloge, citant Goethe : « Un pur Allemand n'aime guère les Français, mais il boit leurs vins volontiers. »

Personnalité généreuse, Brahms aida bon nombre d'artistes, mais ne se maria jamais. Jusque dans ses dernières années, vers 1892, il participa à d'immenses banquets, notamment avec le peintre Adolph von Menzel, au cours desquels il mangeait, buvait et discutait infatigablement.

On peut par exemple évoquer ce repas de janvier 1896 à Berlin où Brahms et Menzel s'offrirent un festin : à dix heures du matin, ils commencèrent par une dégustation d'huîtres arrosée de vins rhénans et de Champagne. Le repas pantagruélique se prolongea jusqu'en fin d'après-midi. Cela ne l'empêcha pas de poursuivre par un banquet offert en son honneur à 17 heures dans un grand restaurant berlinois ! Il dîna à nouveau ensuite à 21 heures chez ses hôtes et prit son petit déjeuner tranquillement le lendemain matin à l'heure habituelle. Ses hôtes s'étonnèrent : « Vous n'êtes pas seulement un artiste béni des dieux, mais un monstre de santé ! » Brahms répliqua : « Que voulez-vous ! Je n'ai jamais sauté un repas de ma vie ni avalé le moindre remède ! »

Bien qu'affaibli par la maladie, il ne renonça jamais au vin ni au tabac, recevant encore de ses nombreux admirateurs des vins rhénans, du Champagne et du Cognac.

Les derniers instants de Brahms sont connus grâce aux écrits du jeune médecin qui le soigna : « Vers 4 heures, son agitation reprit. Comme il avait soif, je lui versai un verre de vin des coteaux rhénans. Il se redressa alors presque complètement, prit le verre des deux mains et le vida sans hâte. « Ah ! c'est bon ! » (*Das ist schön*) déclara-t-il avec une expression de contentement et en soupirant profondément. Ce furent les dernières paroles que je l'entendis prononcer. » Il décéda le 3 avril 1897 des suites d'un cancer du foie.

## Le solide appétit de Puccini

Né à Lucques, en Toscane, Giacomo Puccini apprécia toujours la bonne chère. Alors en formation à Milan, à la fin de l'année 1880, il décrivait ainsi ses soirées à sa mère : « Vers cinq heures je vais donc dîner (un dîner très frugal : minestrone — trois platées car il est très bon — plus quelques bricoles pour me rassasier plus du gorgonzola et un demi-litre de vin), j'allume un cigare et je vais faire un petit tour à la Galleria. »
Il apprécia l'existence paisible de sa Toscane natale à partir des années 1890, assurant que l'on « peut écrire une marche après avoir bu un fiasco de Chianti, mais que, pour un duo d'amour, il faut avoir le cœur chaud et la tête froide… » Le vin et la bonne chère étaient des choses très sérieuses pour Puccini qui, au faîte de sa célébrité, conserva toujours de sa jeunesse, un solide appétit et les mêmes goûts alimentaires : « minestrone à la Milanaise, gorgonzola, un demi-litre de vin et un cigare. » Il pesa d'ailleurs jusqu'à 110 kg.
Réservé en public mais très gai avec ses amis, il fonda " La Bohême ", un club dont les statuts indiquaient qu'il fallait : « Se porter bien et manger toujours mieux ; Carême-prenants, crétins et puritains seront chassés incontinent… »
Arrivé à l'âge mûr, il s'éteignit en 1924, amer et triste de voir l'Italie sombrer dans le chaos.

## Le vin et la musique d'ETA Hoffmann

Écrivain fantastique allemand, Ernest Théodor Amadeus Hoffmann fut également musicien et compositeur. Il a inspiré bien des artistes : Jacques Offenbach (*Les contes d'Hoffmann*), Tchaikovsky (*Casse Noisette*), Robert Schumann (les *Kreisleriana* sont directement inspirées du maître de chapelle Johannes Kreisler inventé par Hoffmann).
ETA Hoffmann régénéra la littérature d'imagination que l'on appela fantastique dans les années 1820. Gérard de Nerval, qui trouvait en lui un « génie fraternel », traduisit quelques-uns de ses textes. Dans *Le Gastronome* du 2 décembre 1830, il publia sous le titre « La liqueur favorite d'Hoffmann » une page sur les vertus du punch, cette « liqueur merveilleuse où se combattent les gnomes et les salamandres » (c'est-à-dire les génies de la terre et ceux des eaux).
Hoffmann était convaincu des vertus thérapeutiques du vin et soignait ses maux d'estomac avec du Cognac, du rhum ou de l'arak. Dans *La maison déserte*, le médecin conseille d'ailleurs au héros dépérissant : « Mangez des

## Le vin, Paris et les romantiques

L'ivresse et le vin sont, pour les poètes romantiques, un moyen de connaissance. L'inspiré cherche dans la coupe une source magique de révélation ou d'inspiration fantastique. Le vin symbolise aussi le temps en reliant les générations les unes aux autres.
Le héros du poète néoromantique Wilhelm Hauff par exemple, dans les *Fantaisies dans les caves de l'Hôtel de ville de Brême*, a des frissons devant ces vieilles bouteilles dont les artisans dorment depuis plus de deux cents ans sous les dalles du cimetière de la ville.
Le vin est bien le symbole de ce qui perdure, il réconcilie le jour et la nuit, la vie et la mort, le monde chrétien et le monde antique, Bacchus et le Christ dans une communion de l'homme et de la nature, de l'homme et du divin et de l'homme avec lui-même.
Dans ces conditions, il n'est pas surprenant que les musiciens romantiques des années 1820-1830 aient tant aimé le vin. Tous se rendirent d'ailleurs à Paris, « centre intellectuel du monde » selon Liszt. Wagner déclara : « Les autres villes ne sont que des étapes. Paris est le cœur de la civilisation moderne ».
Liszt, Rossini, Mendelssohn, Paganini, Chopin, Bellini, Offenbach, Donizetti, Johann Strauss et Wagner y séjournèrent, de quelques mois à plusieurs années. Il faut dire que les nombreuses salles de théâtre et orchestres de la « capitale du piano » passaient beaucoup de commandes à ces artistes de toutes nationalités en quête de revenus.

E.T.A. Hoffmann et Ludwig Devrient dans la cave à vin de Lutter et Wegner à Berlin *par Karl Themann (XIX^e siècle).*

mets nourrissants, buvez du vin pur et généreux ». Dans *Les Mystères*, un médecin prescrit à son patient « une certaine boisson à l'écume effervescente hermétiquement fermée en bouteille » !
Hoffmann établit également des correspondances entre la musique et le vin : le Bourgogne (son vin préféré) est poétique et musical par sa densité et sa richesse. « Le Chambertin est le véritable vin poétique, qui s'est souvent évaporé chez moi en symphonies et arias » dit-il. Ainsi son héros, le maître de chapelle Johannes Kreisler mêle Bourgogne et composition musicale : au fur et à mesure qu'il vide la bouteille de Bourgogne posé sur son piano, la pièce s'emplit de musique, le papier se noircit comme si, par une alchimie mystérieuse, les gouttes de vin se transformaient en note de musique.
Le Champagne est pour Hoffmann l'élixir du rêve, l'écume de la vie. Il stimule son imagination, il est l'image d'un jaillissement, d'un envol, image opposée à la pesanteur, libérant l'homme de ses entraves terrestres et le rendant à son rêve le plus cher, le plus sublime : le rêve d'Icare !
Seuls les vins d'Italie ne trouvent pas grâce à ses yeux : vins du diable, ils induisent le buveur en des tentations tragiques.

Dans *Kreisleriana*, Hoffmann explique comment le vin colore une œuvre et pourquoi il est possible de recommander tel cru pour tel genre de musique : du bon vieux vin du Rhin ou du Jurançon pour composer de la musique religieuse, du très fin Bourgogne pour l'opéra, du Champagne pour l'opéra comique car il y trouve la gaieté mousseuse et légère que réclame le genre…
Certains colportèrent l'image d'un Hoffmann alcoolique, se référant notamment aux *Contes* d'Offenbach. Baudelaire lui-même n'échappa pas au mythe décrivant Hoffmann recevant, alors qu'il commençait à être connu, de l'argent et des caisses de vin de France de la part des éditeurs qui se disputaient ses contes.

C'était plus probablement un très bon amateur de vin comme en témoignent ses commandes de Bourgogne « vin de Nuits ».

## Poulenc le citadin campagnard

Pour composer ses *Chansons gaillardes* (parmi lesquelles on trouve une *Chanson à boire* et des *Couplets bachiques*), Francis Poulenc s'inspira de textes anonymes du XVII^e^ siècle célébrant le vin, la bonne chère et l'amour.
Leur première audition, le 2 mai 1926 à Paris, fut un véritable succès : près de 200 personnes restèrent à la porte du concert, faute de place… Elles lancèrent la carrière de celui qui allait devenir l'interprète incomparable de toutes les mélodies de Poulenc : Pierre Bernac.
*Chanson à boire*

« (…) Buvons donc selon notre envie,
Il faut boire et reboire encore.
Buvons donc toute notre vie,
Embaumons-nous avant la mort.
Embaumons-nous ;
Que ce baume est doux. »

## La Puerta del Vino

À l'occasion du Noël 1909, Manuel de Falla envoya à son ami Claude Debussy des cartes postales avec des images d'Espagne. L'une d'elles représentait la *Puerta del Vino* de l'Alhambra (Grenade). Cette carte postale excita l'imagination de Claude Debussy qui en fit un prélude pour piano, empruntant le rythme las et pressant de la *habanera*, achevant ainsi le cycle espagnol débuté en 1901.
La Porte du Vin est l'une des constructions les plus anciennes de l'Alhambra. Aujourd'hui, elle est isolée à l'intérieur de la place des Citernes (*Plaza de los Aljibes*), bien qu'elle ait probablement fait partie d'un ensemble de constructions qui renfermait la place. Son nom viendrait du fait qu'au XVI^e^ siècle, les gens y stockaient leur vin pour ne pas avoir à la franchir et donc payer d'impôt.
Une autre explication indique que ce nom proviendrait d'une confusion entre les mots *Bib al-hamra* (Porte Rouge ou Porte de l'Alhambra), nom originel de la porte et *Bib al-jamra* (Porte du Vin).

La puerta del vino *(Alhambra) par Juan Laurent (1816-1892).*

*Couplets bachiques*

« Je suis tant que dure le jour,
Et grave et badin tour à tour.
Quand je vois un flacon sans vin,
Je suis grave, je suis grave
Est-il tout plein, je suis badin ».

Colette dressa de Poulenc un véritable portrait « paysan » lorsqu'il se rendait dans sa maison de Noizay, près d'Amboise : « Au long d'un coteau calcaire, Poulenc, entouré de vignes, vit dans une grande maison aérée, où il fait et boit son vin. À travers son instrumentation pailletée, écoutez sonner, voyez luire l'or et la bulle issue d'un terrain opulent ! Regardez Poulenc : sont-ce là les traits d'un buveur d'eau ? Il a le nez fort et flaireur, l'œil prompt à changer d'expression. Il est confiant et précautionneux, à l'aise dans l'amitié, et poète comme un paysan. »
En fait, Poulenc était un véritable citadin qui s'ennuyait à la campagne mais, du coup, composait merveilleusement bien. La plus grande partie de son œuvre fut écrite à Noizay, mais c'est à Cannes qu'il écrivit ses *Chansons gaillardes*.
Ce grand bourgeois qui passa son enfance à Nogent-sur-Marne près des guinguettes, aimait les quartiers populaires, ce qui explique peut-être son côté gouailleur et un peu canaille. Ses *Chansons villageoises* le traduisent bien lorsqu'elles évoquent les gars qui vont à la fête « pour y goûter le vin nouveau / Y tirer à la carabine / Y sucer le berlingot ». Gourmet et gourmand, il aimait la bonne chère et, bien sûr, le bon vin.

## Un Américain à Paris

Plutôt adepte d'une alimentation diététique, l'Américain Georges Gerswin bouscula quelque peu ses habitudes lorsqu'il se rendit à Paris, en 1928. Il se prit de passion pour la gastronomie française, voulant goûter de tout et trouvant tout délicieux. Les cabarets avec orchestre l'accueillaient au son de la *Rhapsody in blue*. Un pâtissier

*Francis Poulenc (1899-1963).*

*George Gershwin (1898-1937).*

poussa même le bon goût jusqu'à confectionner un gigantesque gâteau bleuté à la gloire de l'illustre composition. Il fréquentait Maxim's, le One two-two… appréciant particulièrement, dit-on, le Champagne.
Gershwin fut partout fêté, honoré… Dix ans après la première guerre mondiale, la France était au faîte de sa prospérité, en état de parfaite euphorie. Son programme parisien frôla la folie : il rencontra Maurice Ravel, Francis Poulenc… Durant son séjour, il composa *Un Américain à Paris* et repartit à New York avec la partition presque terminée. Il donna alors des indications assez précises aux chorégraphes : un Américain visite Paris en mai ou juin, descend les Champs-Élysées, se promène. Il est amusé par les taxis (quatre avertisseurs laissent entendre leur signal sonore), il entre dans un café… puis se rend rive gauche, dans le Quartier latin et s'assied à une terrasse et goûte aux délices de l'absinthe… pour finalement avoir le mal du pays, pris par le blues. Secouru par l'orchestre, il rencontre un compatriote et poursuit sa promenade.
La première d'un *Américain à Paris* fut présentée le 13 décembre 1928 au Carnegie Hall de New York.

*Erik Satie (1866-1925), lithographie du* Chat noir, *années 1880.*

## Florilège de quelques musiciens

Doté d'une mémoire exceptionnelle, Arturo Toscanini faisait l'admiration et l'étonnement de tous puisqu'il arrivait à se souvenir de centaines de partitions, parfois les plus difficiles. Mais c'est la Bacchanale de *Tannhäuser* qui eut raison de lui, à 87 ans, le 4 avril 1954 au Carnegie Hall : en plein milieu, il eut son premier trou de mémoire, ce qui l'incita à mettre un terme à sa carrière.
Réfractaire à la tradition, Érik Satie décrivait ainsi le programme de ses journées : lever à 7 heures, déjeuner à 12 h 11, dîner à 19 h 16, coucher à 22 h 37 ainsi que son alimentation : que des aliments blancs (œufs, sucre, veau, noix de coco, fromage blanc, pâtes…), ajoutant : « Je fais bouillir mon vin, que je bois froid avec du jus de fuschia. J'ai bon appétit, mais je ne parle jamais en mangeant, de peur de m'étrangler. » Debussy recevait volontiers l'auteur des *Gymnopédies*, cet « éternel bohème » à qui il servait du vin médiocre, quand lui, ostensiblement, dégustait de bons crus !
Le pianiste russe de réputation mondiale Sviatoslav Richter ne détestait pas le goulot, « ce vilain défaut auquel je succombe trop souvent ». Un soir, durant les années 1944-45, après avoir déchiffré à quatre mains la *Neuvième Symphonie* de Dimitri Chostakovitch au domicile de ce dernier, les musiciens se mirent à boire. Mais lorsque la femme de leur hôte, Nina Vassilievna rentra, tous les invités furent mis dehors. Richter finit sa nuit chez le pianiste Heinrich Neuhaus pour partager une bouteille de vin !
Dimitri Chostakovitch était aussi un bon buveur, comme tout Russe qui se respecte ! Il devait faire un effort constant pour vaincre sa timidité et l'alcool était, en l'occurrence, un adjuvant éprouvé. Il déclara souvent que la boisson était un trait commun à de nombreux artistes qui, en somme, trempaient leur plume dans la vodka. Mais il buvait aussi du Cognac et il n'était pas rare que, au cours d'une conversation, comme piqué par une mouche, il quittât la pièce un instant, sortît de sa poche une flasque de Cognac, en bût une gorgée et revînt comme si de rien n'était reprendre la conversation. Même malade, il ne renonça pas à son Cognac, avec l'accord des médecins d'ailleurs…
René Koering, élève du compositeur et chef d'orchestre Bruno Maderna, rapporte que ce dernier était capable de

diriger un orchestre en état d'ébriété, citant notamment un fabuleux second concerto pour violon de Béla Bartok avec Ivry Gitlis.
Selon lui, seul un autre chef était capable de cela : Sir John Barbirolli, auteur d'un prodigieux enregistrement de Mahler.
Comment enfin ne pas évoquer le journaliste Frédéric Lodéon, chef d'orchestre et violoncelliste renommé, lauréat du très sélectif concours Rostropovitch ? Grand amateur de vin devant l'Éternel, il brandit avec fierté le taste-vin qu'on lui remit lors de son intronisation par une confrérie bourguignonne, au cours de l'interview parue dans *Cuisine et Vins de France* en septembre 2006. Il y évoque ses souvenirs de dégustation homériques avec Rostropovitch et déclare : « Sans vin, la vie, c'est de la prose, avec, elle devient poésie » et « Quand on boit du bon vin, on joue aussi très bien ».
Frédéric Lodéon dit préférer les cultures des pays du vin. Brahms évoque pour lui la puissance du Pommard, Mozart l'*allegro furioso* des bulles de Champagne, Rossini le registre pointu de Chablis et Debussy la finesse de Meursault.
Le vin et la musique font chanter les hommes pour Frédéric Lodéon, leur donnent le *la* de la vie et il refuse de trancher entre l'un ou l'autre : « C'est comme choisir entre père et mère. Moi, lorsque je bois, la musique du vin me suffit. »

## Formations musicales en Champagne

De tout temps, les grandes Maisons de Champagne parrainèrent des événements musicaux, tel le mécénat de Dom Pérignon à l'opéra de Paris en 1997 où le chef de cave, Richard Geoffroy, établit des correspondances entre cuvées et artistes. La Maison Cazanove sortit une cuvée Stradivarius pour rendre hommage au luthier Stradivari, confirmant ainsi combien l'art du vin, comme l'art du bois, ne peut atteindre ses expressions les plus fabuleuses qu'avec le talent de l'artisan.
Mais le plus étonnant est peut-être l'histoire de ce trio créé en 1989 et composé de trois musiciens du London Symphony Orchestra qui prit le nom de Deutz Trio pour l'amour de ce Champagne. Paul Edmund Davies, flûtiste, Roy Carter, hautboïste et John Alley, pianiste avaient d'abord imaginé donner des concerts dont les œuvres musicales seraient l'évocation de grands Champagne.
Puis naquit un partenariat avec la Maison Deutz. Selon le pianiste, « les trois grands cépages de la Champagne peuvent être comparés aux trois instruments du Deutz Trio. Le pinot noir apporte au Champagne corps et structure. Le piano, par son poids et sa puissance, constitue la charpente musicale du Trio. Le chardonnay confère au vin élégance et finesse, telle la flûte charmant l'oreille. Sa mélodie rappelle la danse des arômes et des saveurs du Blanc de Blancs. Le pinot meunier complexe, rond et souple, exprime la profondeur teintée de lyrisme du hautbois ». Le répertoire privilégié du Trio est constitué de compositeurs du XIX$^{e}$.
Enfin, il existe depuis longtemps de nombreuses harmonies en Champagne, telle l'Harmonie de la Corporation des Tonneliers qui est en fait l'ancienne Fanfare des Tonneliers.
Cette dernière prit en effet, en 1909, la succession de l'Harmonie des Sapeurs-Pompiers de Moët et Chandon créée au début des années 1880 et essentiellement composée d'ouvriers attachés depuis longtemps à la Maison.
Les instrumentistes de l'Harmonie de la Corporation des Tonneliers revêtent le costume de caviste. Ils appartiennent en général à l'excellente Société philharmonique de Champagne, fondée en 1922 à Épernay mais dont les musiciens bénévoles représentent plus de 40 communes et ne sont pas tous des professionnels de la vigne et du vin.
On trouve également des chorales et une société, Les Amis de la musique, qui a la particularité de réunir sous la direction musicale de Michel Collard (négociant en vins de Champagne), des chorales d'Épernay, Châlons-sur-Marne, Château Thierry, Reims.
Enfin, des virtuoses du piano comme Éric Heidsieck, Jean Philippe Collard (fils de Michel Collard) sont issus de familles de vignerons et négociants.

**Ils s'appellent Charles Aznavour, Pierre Perret, Francis Cabrel ou Catherine Lara. Chanteurs français amoureux de la vie et de ses plaisirs, ils affichent leur goût pour le bon vin, à déguster entre copains avec respect et mesure.**

*Charles Aznavour à l'Olympia en janvier 1963.*

# ON BOIT UN COUP, ON FAIT LA FÊTE

Son père avait quelques arpents de vignes et faisait son propre vin du côté de Mougins, en Provence. Il commença à apprécier les Bourgogne, puis les Bordeaux. « Le jour où j'ai porté aux lèvres mes premiers Médoc, j'ai renoncé définitivement à boire autre chose que le fruit des vignes bordelaises » confie-t-il à Jean-Pierre Alaux dans le livre *À boire sur paroles, leurs souvenirs de dégustation*.
La passion de Charles Aznavour pour le vin débuta dans les années 1980, alors qu'il vivait aux États-Unis. Là, il se constitua une cave essentiellement composée de Bourgogne. Rentré en France, il se refit une cave, de Bordeaux cette fois.
Il adore déguster quelques gorgées de vin avant de monter sur scène. Mais avec l'âge, Charles Aznavour a modéré sa consommation, le vin ayant tendance « à lui tomber un peu sur les jambes, ce qui n'est pas très bon lorsqu'il faut occuper toute la scène ».
En 1943, il débuta dans le métier en écrivant avec Pierre Roche une chanson pour laquelle Georges Ulmer reçut le prix d'interprétation du Disque de l'année : « *J'ai bu* ».
« J'ai bu
J'ai joué et j'ai tout mis
Sur le tapis
À la roulette de la vie
T'as tout gagné, moi j'ai perdu
Alors j'ai bu. »

Dans *Trousse chemise*, il est question de Muscadet :
« (...) On était partis pour Trousse-Chemise
Guettés par les vieill's derrièr' leur volets
On était partis la fleur à l'oreille
Avec deux bouteilles de vrai Muscadet. »

Enfin, c'est tout le soleil de l'Italie qui s'exprime dans « La mamma » :
« (...) Elle va mourir, la mamma
Qu'ils boivent frais le vin nouveau
Le bon vin de la bonne treille. »

Serge Reggiani n'eut pas la chance de rester simple amateur de vin, il tomba dans l'excès. Dans une interview parue le 28 mars 1991 dans le journal *Libération*, il évoque sa longue descente aux enfers : « J'ai commencé à boire avec un copain que j'aimais beaucoup –il vient de mourir : Roger Pigaut. Je me trouvais boulevard Malesherbes avec lui, on se baladait en discutant, comme souvent, on s'est arrêté dans un bistrot manger des huîtres. Avec des huîtres, on boit du vin blanc. Pour la première fois de ma vie, j'ai bu du blanc. À partir de la demi-bouteille, ça a été la bouteille, puis deux… Puis le rosé. Le gros qui tache, jamais ! Sauf le Beaujolais, c'est léger… J'aime pas le Bordeaux. Et personne n'a osé me dire, à l'époque : Arrête de picoler. Personne. On n'osait pas. »

## Sans vin, c'est la misère noire…

Le cas de Pierre Perret est nettement plus gai. Né à Castelsarrasin en 1934, il grandit dans le café familial (Le Café du Pont) où son vocabulaire ne cessa de s'enrichir du franc parler populaire des ouvriers.

Son père était bistrotier et marchand de vin. À dix ans, il l'accompagnait dans ses tournées chez les vignerons, dégustant le vin blanc avant même qu'il ne soit décuvé, goûtant au « cul » de la barrique. Dans ses mémoires, il se rappelle qu'il imitait son père, mâchait, buvait une gorgée, recrachait…

- Ça pique…
- Ça ne pique pas, ça raspe, répondait son père.

À vingt ans, il tenta sa chance à Paris, sans grand succès d'ailleurs. C'était une époque de galère, se rappelle-t-il, durant laquelle il avait « souvent les crocs et pas grand-chose à se mettre dans la galtouse » ! La brasserie Au chien qui fume lui inspira la chanson *Le prince passe* :

« … Quand on a de l'eau à boire
On voudrait du vin
Sans vin c'est la misère noire
On va pas bien loin… »
Le Prince passe
Un peu de vin mon bon seigneur
Le Prince passe
Allez vous faire pendre ailleurs. »

Le succès commença à poindre à la fin des années 1950 lors de ses prestations au cabaret La Colombe. Sa passion pour le vin naquit lors d'une tournée avec Eddy Barclay à Bordeaux en 1957. Son imprésario lui fit déguster un Grand Corbin Despagne 1947 dont il gardera toujours un souvenir ému.

Durant l'année 1958, en tournée avec Les Platters, il raconte dans ses mémoires son équipée avec Roby dans un deux étoiles Michelin. Plateau géant d'huîtres, de langoustes, de belons triple zéro… Les deux amis commandent un Montrachet 1947, le « meilleur vin blanc du monde » (c'est son copain qui paye) : « La rouille coûte une petite fortune. Le sommelier la retire précautionneusement du seau contenant quelques glaçons, nous en verse trois doigts de temps en temps, jusqu'à ce qu'on sèche complètement le flacon. Roby adore la France, le Montrachet et m'appelle *my friend*. Nous enchaînons (c'est toujours mézigue qui décide du menu et des vins) par un agneau de Pauillac divin, arrosé d'un non moins divin Château Margaux 1945. L'Apothéose ! Le sommelier, qui manipule la boutanche comme une mariée, après l'avoir délicatement décantée, sert un doigt de la carafe dans mon verre, attendant, inquiet, mon jugement sur ce nectar hors de prix.

- Parfait.

*Pierre Perret en 1983.*

Sourire satisfait et ponctué d'orgueil du sommelier qui emplit alors d'un bon tiers nos immenses verres tulipes. Je trinque avec Roby et nous dégustons une gorgée, après l'avoir humé longuement. Mon Roby émet alors un petit claquement de langue satisfait et, avant même que l'on ne subodore la suite des événements, saisit nonchalamment deux glaçons dans le seau du Montrachet et les cloque tout fier dans son verre de Margaux !
Si le sommelier n'est pas parti dans les vapes, c'est qu'il avait sûrement un sens aigu de la dignité. Mais sa tronche, je peux pas vous raconter ! Mon pote Roby, qui était certes néophyte en la matière, mais pas tout à fait con, voyant la tête du pauvre sommelier livide, lui dit catastrophé : " Oh, I am sorry... " et, posant sa main sur la poitrine en guise de contrition explicative répète : " Sorry, I am American ". Les fous rires de ce genre n'étaient pas rares avec les Platters. Surtout au restau. »
En 1975, après le succès magistral du *Zizi*, il loua un grand bateau et partit aux Antilles avec amis, femme et enfants. Le vin faisait partie du voyage : « Comme je ne m'embarque jamais sans biscuits, nous avions à bord une copieuse réserve de Champagne, Bordeaux et Grand Montrachet (fleuron des vins blancs de Bourgogne, élevé par la famille Fleurot). Les trois magnums de ce dernier (emmenés de ma cave !) ne seront pas de trop pour nous dégraisser le toboggan. »
Aujourd'hui, Pierre Perret possède une grande cave qu'il enrichit constamment dans sa maison de Seine-et-Marne : Puligny Montrachet, Pommard, Saint-Émilion, Sauternes, Châteauneuf-du-Pape, vins jaunes du Jura... pour le plus grand plaisir de ses amis.
Les chansons de Pierre Perret évoquent naturellement le vin, parfois sur la base de souvenirs d'enfance comme dans *Les jolies colonies de vacances*. Submergés de travail durant l'été, ses parents l'envoyaient en « colo », à Montjoie, sous la surveillance de curés et d'abbés : « On siphonnait le picrate des abbés. On nous a retrouvés, un après-midi sous un cagnard pas possible, blindés à zéro, on était quatre ou cinq saouls comme des bourriques. Ils ont jamais osé le dire à nos vieux, valait mieux pour eux. »
Dans *Le tord boyaux*, il se rappelle la gargotte de Genevilliers où, un jour de 1962, il déjeuna avec un photographe : Le « Kroutchev maison » servi en carafe avait la couleur et la consistance de l'encre d'un calamar ! C'est dans cette chanson que naquit le style truculent, frondeur et impertinent de Pierre Perret :

« Il s'agissait d'un boui-boui bien crado
Où les mecs par-dessus l'calendo
Se rincent la cloison au Kroutchev maison
Un Bordeaux pas piqué des hannetons. »

Comme son ami Georges Brassens, Pierre Perret rendit un bel hommage au vin :
« Si le bon Dieu nous a donné
Dans sa largesse un trou sous le nez
Pour baiser nos maîtresses
Pour compléter son souhait divin
Il voulut qu'on y verse
De temps en temps un verre de vin
Je cherche une fille en vain
Qui m'aime autant que j'aime le vin
Qui boira mon Bourgogne
Et mon Bordeaux Saint Julien
Et leur violente sève
Coulera le feu dans nos reins.

Claque ta langue
Fille de Bacchus
Contre la mienne
Et gloire à Vénus. »

## Turbulent Dionysos

Renouant avec le caractère exalté du dieu du vin, Mathias Malzieu est le turbulent auteur-compositeur-interprète du groupe Dionysos. Il paye de son corps pour communier avec le public, escalade des montagnes de haut-parleurs, plonge dans la foule... Dans ces conditions, il n'est pas étonnant que ce groupe, créé au milieu des années 1990 dans la région de Valence, se soit appelé Dionysos. L'énergie communicative de *Song for a Jedi* fit son succès, aujourd'hui, Dionysos enchaîne les tournées, toujours « à fond ».
« Ce groupe, c'est une manière de continuer, sans me faire engueuler, d'être turbulent – que ce soit donner des concerts, escalader des grues la nuit ou faire du saut à l'élastique » explique Mathias Malzieu. « Aujourd'hui encore, je suis à fond, sur tout : ce que je suis sur scène, je le suis en privé ».

## Goûter de tout pour aimer un peu

Parmi la génération des chanteurs d'après guerre, on trouve de sérieux amateurs de vin.
Michel Fugain par exemple, débuta sa carrière à Morgon, dans le Beaujolais, profitant de ce récital pour visiter des caves. Mais c'est en Corse, lorsqu'il s'y installa qu'il développa une vraie passion pour le vin. « Plutôt syrah que merlot », Michel Fugain préfère les Côtes du Rhône aux Bordeaux.
Ce qui n'est pas le cas de Catherine Lara. Initiée par son père à la dégustation des Haut-Brion, Cheval Blanc et autres grands crus, elle se félicite d'avoir bénéficié d'une éducation irréprochable en la matière. Amatrice des vins de Cheval Blanc, elle apprécie aussi les Bourgogne, les vins languedociens, italiens et bien sûr les grands Champagne. « Comme en musique, il faut écouter beaucoup pour aimer un peu. »
Bernard Lavilliers est lui aussi amateur de vin. « La bouffe fait partie, non pas de mes fantasmes, mais de la sensualité ! Je suis très basique lyonnais. Une bonne table. Qu'il y ait à manger. La cuisine, c'est un de mes lieux favoris. Être dans la cuisine avec ma mère, chiper dans les plats qu'elle mijote et me faire rabrouer, ça me plaît ! Ne pas oublier le coup de rouge au bord de la table… » déclare-t-il dans *L'Humanité*, le 9 février 1995.
Quant à Francis Cabrel, il accomplit le rêve de tout amateur passionné en acquérant, au début des années quatre-vingt-dix, le domaine de Boiron, à Astaffort, entre Bordeaux et Toulouse. Plutôt discret sur son activité, il perpétue ainsi la tradition familiale : agriculteurs, son père et son grand-père faisaient du vin pour leur consommation familiale. Passionné par le vin rouge, il déclara au journal québécois *La Presse* lors d'une tournée : « J'en consomme même avec le poisson, c'est pour vous dire comme je l'aime. Enfin, je ne l'aime pas démesurément non plus. Je bois mes deux verres de vin rouge quotidien, le soir. Jamais la journée, je veux garder les idées claires. Mais j'aime ce moment de plaisir en soirée. »
On pourrait encore citer Hubert-Félix Thiéfaine, amateur des vins de sa région natale, le Jura ou encore François Hadji-Lazaro, fondateur des Garçons Bouchers qui préférait vendre des bouteilles de vin au nom de sa maison de production (Boucherie Production) plutôt que des tee-shirts !

*Francis Cabrel en 2005.*

Comment enfin ne pas parler d'Ève Ruggieri, cette grande dame de la musique qui passionna des générations d'auditeurs de France Inter en racontant la vie des compositeurs ! Son vin préféré reste le Champagne car « Tous les grands musiciens ont été inspirés par le Champagne. »

## Les rappeurs américains à l'origine du renouveau de Cognac

Alors en pleine crise viticole, jamais les grandes Maisons de Cognac n'auraient imaginé devoir leur salut aux… rappeurs noirs américains !

Le Cognac est en effet devenu leur boisson préférée, en opposition au whisky qui demeure celle des « Wasp » (White anglo-saxon protestant).

Une cinquantaine de morceaux de rap parlent du « Gnak » avec des tubes tels que *Pass me the Courvoisier* interprété par Busta Rhymes en 2002. Cette chanson cite d'ailleurs les marques de luxe fétiches des rappeurs : Henny (pour Hennessy), Rémi pour Rémy Martin, Cris (pour le Champagne Cristal de Roederer)… Dans le clip, les rappeurs n'hésitent pas à boire du Cognac, ce qui a fait exploser les ventes aux États-Unis, sauvant du marasme le vignoble charentais :

*Give me the Henny, you can give me the Cris*
*You can pass me the Remi, but pass the Courvoisier*
*Give me the ass, you could give me the dough*
*You can give me 'dro, but pass the Courvoisier*
*Give me some money, you can give me some cars*
*But you can give me the bitch make sure you pass the Courvoisier*
*Give me some shit, you can give me the cribs*
*You can give me whaever just pass the Courvoisier.*

(« Donne-moi du Henny, tu peux me donner le Cris
Tu peux me passer le Remi, mais donne-moi le Courvoisier
Donne-moi ton c…, tu peux bien me donner du fric
Tu peux me donner de la « dro », mais passe-moi le Courvoisier.
Donne-moi de l'argent, tu peux me donner des voitures
Mais tu peux me donner la chienne, assure-toi de passer le Courvoisier
Tu peux me faire chier, tu peux me donner des antisèches
Tu peux me donner tout ce que tu veux mais passe-moi le Courvoisier »)

# Conclusion

## Accords inédits entre le vin et la musique

Au-delà des circonstances de consommation, des chansons ou de la vie des musiciens, le vin peut être relié à la musique de façon tout à fait originale.

Ainsi, un viticulteur toscan de Brunello di Montalcino, Giancarlo Cignozzi, mesura l'impact de la musique sur la croissance de ses vignes avec l'aide de chercheurs de l'université de Florence. D'énormes haut-parleurs diffusèrent ainsi du Haydn, du Haendel et du Mozart en hiver, des concertos et symphonies en juin-juillet, du Tchaïkovski juste avant les vendanges…

D'après les observations réalisées, les vignes furent moins touchées par les parasites et les maladies fongiques.

D'après le biologique et physicien français Joël Sternheimer, cela s'expliquerait par l'action des ondes électromagnétiques sur le métabolisme des plantes, et plus particulièrement sur la synthèse des protéines. Un agronome belge, Yannick Van Doorne, en a même fait son activité principale en créant une entreprise spécialisée : Écosonic !

Dans un autre domaine, Jean-Pierre Blanc, un ancien directeur commercial et marketing reconverti dans le management, eut l'idée d'associer le vin et la musique pour des séminaires de formation. Sa méthode, Vinijazz, repose sur la dégustation et l'écoute de la musique dans le but de « réveiller les sens » et donc de diriger plus efficacement !

On peut enfin rêver qu'un jour soit fabriqué un « orgue à bouche » du vin comme celui que Joris-Karl Huysmans avait imaginé en 1884 avec des alcools et des liqueurs pour son roman *À Rebours*.

Pour « écouter le goût de la musique », son héros, Des Esseintes, s'est en effet fabriqué une armoire pleine de petits barils à liqueurs, rangés côte à côte et percés de robinets d'argent :

« Les tiroirs étiquetés « flûte, cor, voix céleste » étaient tirés, prêts à la manœuvre. Des Esseintes buvait une goutte ici, là, se jouait des symphonies intérieures, arrivait à se procurer, dans le gosier, des sensations analogues à celles que la musique verse à l'oreille.

Du reste, chaque liqueur correspondait, selon lui, comme goût, au son d'un instrument. Le curaçao sec, par exemple, à la clarinette dont le chant est aigrelet et velouté ; le kummel au hautbois dont le timbre sonore nasille ; la menthe et l'anisette, à la flûte, tout à la fois sucrée et poivrée, piaulante et douce ; tandis que, pour compléter l'orchestre, le kirsch sonne furieusement de la trompette ; le gin et le whisky emportent le palais avec leurs stridents éclats de pistons et de trombones, l'eau-de-vie de marc fulmine avec les assourdissants vacarmes des tubas, pendant que roulent les coups de tonnerre de la cymbale et de la caisse frappés à tour de bras, dans la peau de la bouche, par les rakis de Chio et les mastics !

Il pensait aussi que l'assimilation pouvait s'étendre, que des quatuors d'instruments à cordes pouvaient fonctionner sous la voûte palatine, avec le violon représentant la vieille eau-de-vie, fumeuse et fine, aiguë et frêle ; avec l'*alto* simulé par le rhum plus robuste, plus ronflant, plus sourd… »

Attributs des Arts *par François-Léonard Dupont-Watteau (1756-1821).*

Le Concert *par Gerrit Van Honthorst (1590-1656).*

# Bibliographie


Alaux Jean-Pierre, *À boire sur paroles, leurs souvenirs de dégustation,* Fleurus, 2005.

Alexandre-Bidon Danièle, « Festin d'images et hors d'œuvres enluminés », *Histoire de l'alimentation*, Fayard, 1996.

Alexandre-Bidon Danièle, « Saveurs, senteurs et sociabilité dans les tavernes : l'œnologie au Moyen Âge », *Le Vin au Moyen Âge dans le bassin méditerranéen* (Actes du 3e symposium des ateliers universitaires et vignerons de Béziers-Œnopole), Publication de l'O.I.V., 1993.

Althoff Gerd, « Manger oblige : repas, banquets et fêtes », *Histoire de l'alimentation*, Fayard, 1996.

Antonioli Roland, « Rabelais et le vin », *La Correspondance du vin*, Guitardes, 1981.

Artero Gilles, *Une exploration autour de la musique et du vin*, rapport de stage réalisé pour le diplôme de sommelier-conseil de l'université du vin (Suze-la-Rousse), juin 2003.

*Arts du vin* (*Les*), ouvrage édité à l'occasion de l'exposition du même nom organisée par le Crédit communal à Bruxelles, du 29 novembre 1995 au 10 mars 1996.

Aznavour Charles, « Le temps des avants », *Mémoires*, Flammarion, 2003.

Baker Théodore et Slonimsky Nicolas, *Dictionnaire encyclopédique des musiciens*, Robert Laffont (collection Bouquins), 1995.

Balta Paul, « Évocation des dits et non-dits sur l'ivresse », *L'histoire du vin, une histoire de rites*, publication de l'Office international de la Vigne et du Vin, Béziers-Œnopole, 1997.

Barbier Patrick, « La Venise de Vivaldi », *Musiques et fêtes baroques*, Grasset, 2002.

Bauby Francis, Orivel Sophie et Pénet Martin, *Mémoires de guinguettes*, Omnibus, 2003.

Baudelaire Charles, *Les Paradis artificiels*, GF Flammarion, 1966.

Baudoin Jérôme, « Cognac canaille, les rappeurs fous de gnak », article paru dans *La Revue du vin de France*, avril 2006.

Beltrando-Patier Marie-Claire, *Histoire de la musique*, Bordas, 2004.

Benardeau T. et Pineau M., *Histoire de la musique*, Hatier, 2000.

Benardeau T. et Pineau M., *La musique, repères pratiques*, Nathan, 2004.

Berlioz Hector, *Mémoires*, Flammarion. 2000.

Bible (La), Ancien Testament, Le Livre de Poche, 1985.

Bonnafé Alphonse et Georges Brassens, poésie et chansons, Seghers, 1963.

Bonnieux Bertrand, Cordereix Pascal et Giuliani Elizabeth, *Cent ans de chanson française*,
Découvertes Gallimard, BNF, 2004.

Bours Etienne, « Stewball », article paru dans *Trad Mag*, n°103, septembre-octobre 2005.

Bouthier Claude, Desaintghislain Christophe, Morisset Christian et Wald Lasowski Patrick, *Mille ans de littérature française*, Nathan, 2003.

Breton Guy, *La chanson satirique* (Tome 1), Librairie académique Perrin, 1967.

Brévignon Pierre et Philipponnat Olivier, *Dictionnaire superflu de la musique classique*, Le Castor Astral, 2004.

Brillat Savarin Anthelme, *Physiologie du goût*, Charpentier, 1942.

Brion Marcel, *La musique et l'amour*, Hachette, 1967.

Brunaux Jean-Louis, *Les Gaulois*, Guide Belles Lettres des civilisations, 2005.

Brunel Pierre, « Hoffmann buveur de vin : un mythe du romantisme français », *L'imaginaire du vin*, 1989.

Brunet Roland, « Vin et philosophie : Le Banquet de Platon, esquisse d'une sympotique platonicienne », *Le vin des historiens*, actes du 1er symposium « Vin et histoire », Collection de l'Université du vin, 1990.

Buttin Anne-Marie, *La Grèce classique*, Guide des Belles Lettres des civilisations, 2002.

Chapuis Claude, *L'esprit du vin*, Timée éditions, 2005.

Chatelain Courtois Martine, *Les mots du vin et de l'ivresse*, Belin, 1984.

Chayette Hervé, *Le vin à travers la peinture*, ACR éditions, 1984.
Chevalier Jean et Gheerbrant Alain, *Dictionnaire des symboles*, Robert Laffont-Jupiter, 1982.
Collier James Lincoln, *L'aventure du jazz* (Des origines au Swing), Albin Michel, 1981.
Cordier Pierre, *Lectures du vin*, Hachette, 2000.
Cretin Nadine, *Inventaire des fêtes de France, d'hier et d'aujourd'hui*, Larousse, 2003.
Daniélou Alain, *Origines et pouvoirs de la musique*, Kailash, 2003.
Decaux Alain, *Offenbach, roi du second Empire*, Pierre Amiot, 1958.
Delbos Janet Marie, « L'ivresse divine dans Les Bacchantes d'Euripide et Le roi Roger de Szymanowski », *Le vin dans ses œuvres*. Centre d'études pluridisciplinaires des imaginaires du vin (Cepdivin), 2004.
Dermoncourt Bertrand, *Dictionnaire Mozart*, Robert Laffont (Bouquins), 2005.
Deschamps Stéphane, « Dionysos, les bêtes de scène reviennent avec un album monstre », article paru dans *Les Inrockuptibles*, n°508, 24 au 30 août 2005.
Dillaz Serge, *Vivre et chanter en France* (Tome I), 1945-1980. Fayard-Chorus, 2005.
Douarche Léon, *Le Vin*, Librairie Félix Alcan, 1930.
Duneton Claude, *Histoire de la chanson française* (Tome 1 : Des origines à 1780 ; Tome 2 : De 1780 à 1860), Seuil, 1998.
Faucheux Michel, *Fêtes de table ou l'esprit à la bouche*, Philippe Lebaud, 1997.
Fauquet Joël Marie, *Dictionnaire de la musique en France au XIXe*, Fayard, 2003.
Febvre Lucien, *Martin Luther, un destin*, Quadrige, Presses Universitaires de France.
Fontanel Béatrice, *La Parades des Musiciens*, Actes Sud Junior-Cité de la Musique, 2004.
François-Sappey Brigitte, *Félix Mendelssohn*, Fayard-Mirare, 2003.
Garrier Gilbert, *Histoire sociale et culturelle du vin*, Larousse, 1998.
Garrier Gilbert, *Les mots de la vigne et du vin*, Larousse, 2001.
Gaudin Philippe, « Vos vignes ont-elles l'oreille musicale ? », article paru dans *La Champagne viticole*, n°712, avril 2006.
Gauthier André, *Puccini*, Seuil, 1998.
Gautier Jean François, *Le Vin, de la mythologie à l'œnologie*, éditions Féret, 2003.
Geiringer Karl. *Brahms, sa vie, son œuvre*. Buchet Chastel, 1982
Glatre Éric, *Le Guide de l'amateur de Champagne*, Minerva, 1999.
Goldron Romain, « Le vagabond », *Johannes Brahms*, Flammarion, 1956.
Goyard Élisabeth, *Vin, musique et littérature*, rapport de stage réalisé pour le diplôme de sommelier-conseil, année 1997-1998, université du vin (Suze-la-Rousse).
Gruel Annette, Lestringant Étienne et Piris Georges, *La musique et le vin*, fédération départementale des foyers ruraux de la Drôme en juillet 1983, université rurale de la musique, rapport déposé à l'université du vin.
Guéguen Nicolas, *1000 petites expériences en psychologie du consommateur*, Dunod, 2005.
Guermès Sophie, « La réunion des plaisirs : chanter le vin dans l'opéra français au XVIIIe siècle », *Le vin dans ses œuvres*, centre d'études pluridisciplinaires des imaginaires du vin (Cepdivin), 2004.
Guthrie Woody, *En route pour la gloire*, Albin Michel rock & folk, 1973.
Harding Graham, *Miscellanées du vin*, City éditions, 2006.
Haymann Emmanuel, *Lulli*, Flammarion, 1991.
Hell Henry, *Francis Poulenc, musicien français*, Fayard, 1978.
Honegger Marc et Prévost Paul, *Dictionnaire de la musique vocale*, Larousse, 1998.
Hulot Mathilde, *Visages de vignerons, figures du vin*, Fleurus, 2005.
Huré Pierre-Antoine et Knepper Claude, *Liszt en son temps*, Hachette 1987.
Jacquemont Guy et Méreaud Paul, *Le Grande Livre du Beaujolais*, éditions du Chêne.
Jeambar Denis, *George Gershwin*, Mazarine, 1998.
Joannès Francis, « La fonction sociale du banquet dans les premières civilisations », *Histoire de l'alimentation*, Fayard, 1996.
Johnson Hugh, *Une Histoire mondiale du vin, de l'Antiquité à nos jours*, Hachette, 1990.
Kaminski Piotr, *Mille et un opéras*, Fayard, 2003.
Kobbé Gustave, *Tout l'opéra*, Robert Laffont (Collection Bouquins), 2002.

Labie Jean-François, *Le cas Verdi*, Robert Laffont, 1987.
Lagrange Marc, *Le vin en fêtes : de Dionysos à Saint Vincent*, éditions Féret, 2003.
Lefort Corinne, « La Bastille est-elle tombée par manque de vin ? », article paru dans *La Revue du vin de France*, octobre 2006.
Lefort Corinne, « Les flûtes enchanteresses », article sur Mozart paru dans *La Revue du vin de France*, mars 2006.
Level Brigitte, « Les avatars du Caveau, Société bachique et chantante, du XVIII$^{e}$ au XX$^{e}$ », *L'imaginaire du vin*, 1989.
Levet Jean-Paul, « Talkin's that talk », *Le langage du blues et du jazz*, Hatier, 1992.
Levron Jacques, *Clément Janequin*, éditions d'Aujourd'hui, 1948.
Lhopiteau-Dorfeuille M., *Toutes les clés pour explorer la musique*, Le bord de l'eau éditions, 2000.
Lipmann Éric, *L'Amérique de George Gershwin*, Messine, 1981.
Lissarague François, « Le vin, piège divin », *Le Ferment Divin*, Maison des sciences de l'homme Paris, 1991.
Malnic Evelyne, *Guide des fêtes viticoles*, Fleurus, 2002.
Marnat Marcel, *Joseph Hayd, la mesure de son siècle*, Fayard 1995.
Marnat Marcel, *Giacomo Puccini*, Fayard, 2005.
Martin J.B. et Vurpas A.M., *Le Beaujolais. Contes, légendes, récits, chansons*, Le Hénaff.
Massacar Gilles et Mérigaud Bernard, *Claude Debussy, le plaisir et la passion*, Découvertes Gallimard Télérama, 1992.
Massin Jean et Brigitte, *Histoire de la musique occidentale*, Fayard, 1985.
Maury E.A., « L'âme du vin », *La Correspondance du vin*, Guitardes, 1981.
Maynard Solomon, *Beethoven*, Fayard, 2003.
Menu Bernardette, *Vivre en Égypte Ancienne*, Découvertes Texto-Gallimard, 1998.
Meyer Krzysztof, *Dimitri Chostakovitch*, Fayard, 1994.
Milza Pierre, *Verdi et son temps*, Perrin (Collection Tempus), 2001 et 2004.
Miret i Nin Montserrat, *Le vin dans l'art*, Glénat, 2005.
Montandon Alain, « Les fantastiques bouteilles d'un buveur enthousiaste », *La Correspondance du vin*, Guitardes, 1981.
Montandon Alain, « L'imaginaire du vin dans le romantisme allemand », *L'imaginaire du vin*, 1989.
Mouton Alice (chargée de recherche au CNRS, Strasbourg), « La musique chez les Hittites », article paru dans *Archéologie et Science des origines*, n°310, février 2006.
*Musique* (*La*), des origines à nos jours, Larousse, 1946.
Olivier Philippe, *Aimer Satie*, Hermann, 2005.
Onfray Michel, *La Raison gourmande*, Grasset, 1995.
Paquette Daniel, « Le vin et la musique », article paru dans *L'éducation musicale*, n°471-472, juin 2000.
Péché Valérie et Christophe Vendries, *Musique et spectacles dans la Rome antique et dans l'Occident romain*, Errance, 2001.
Pénet Martin, *Mémoire de la chanson* (Tomes I et II), Omnibus, France Culture, 2001.
Perret Pierre. Laissez chanter le petit ! JC Lattès, 1989.
Pitte Jean-Robert, *Le vin et le divin*, Fayard, 2004.
Pivot Bernard, *Dictionnaire amoureux du vin*, Plon, 2006.
Pourvoyeur Robert, *Offenbach*, Solfèges Seuil, 1994.
Pradels Octave, *Le vin et la chanson*, Ernest Flammarion, 1913.
Rachet Guy, *Dictionnaire des civilisations de l'Orient Ancien*, Larousse, 1999.
Recueil des plus beaux airs bachiques, Livre ancien datant de 1668, Bibliothèque de l'Université du vin.
Reibel Emmanuel, *Les musiciens romantiques, fascinations parisiennes*, Fayard-Mirare, 2003.
Reininghaus Frieder, *Schubert*, J.C. Lattès, M & M, 1982.
Rissin David, *Offenbach ou le rire en musique*, Fayard, 1980.
Robbins Landon H.C., *Mozart connu et inconnu*, Gallimard, 1995.
Rodier Camille, *Les cadets de Bourgogne et leurs chansons*, 1947.
Rowley Anthony, *L'étiquette du vin*, illustré par la collection de Philippe Parès, 2003.
Rowley Anthony et Ribaut Jean-Claude, *Le vin, une histoire de goût*, Découvertes Gallimard, 2003.
Sacre Guy, *La musique de piano, dictionnaire des compositeurs et des œuvres*, Robert Laffont, 1998.
Saka Pierre et Jean, *L'histoire de France en chansons*, Larousse, 2004.

Sassatelli Giuseppe, « L'alimentation des Etrusques », *Histoire de l'alimentation*. Fayard, 1996.

Seay Albert, *La Musique du Moyen Âge*, Actes Sud, 1988.

Serre Michel, « La vague Chostakovitch », article paru dans *Le Monde de la Musique*, n°312, septembre 2006.

Seward Desmond, *Les moines et le vin*, Pygmalion, 1982.

Stouff Louis, *La table provençale, boire et manger en Provence à la fin du Moyen Âge*, Barthélémy, 1996.

Tchernia André et Jean-Pierre Brun, *Le vin romain antique*, Glénat, 1999.

Universalis, encyclopédie, version DVD, 2004.

Valentin Karine, « Frédéric Lodéon, si le vin était une musique ? », article paru dans *Cuisine et vins de France*, hors série spécial vin, n°13, septembre-octobre 2006.

Vaudrin Marie-Claude, *La musique techno ou le retour de Dionysos*, L'Harmattan, 2004.

Vetta Massimo, « La culture du symposion », *Histoire de l'alimentation*, éditions Fayard, 1996.

Vian Boris, *Chansons*, Bourgeois, 1984.

Vignal Marc, *Dictionnaire de la musique*, Larousse, 2005.

Vingtain Dominique, « L'abbaye de Cluny, centre de l'occident médiéval », *Dossiers de l'archéologie*, n°269, éditions du Patrimoine, 1998.

Vitoux Frédéric, *Gioacchino Rossini*, Seuil, 1986.

Wagner Richard, *Ma vie*, Buchet-Chastel, 1978.

Wilson Dickson Andrew, *Histoire de la musique chrétienne*, Brepols, 1994.

Woutaz Fernand, *Le Grand livre des confréries des vins de France*, Dominique Halévy éditeur, 1971.

Zeitoun Frédéric, *Toutes les chansons d'amour ont une histoire*, Hors collection éditions, 2005.

## Quelques références musicales

*1850-1899 : les chansons de ces années-là*, Disques Forlane.

*Carmina Burana*, version originale, Clémentic Consort (*Harmonia mundi*).

*Chansons à boire : chanter les vins de Loire*, livre disque, éditions du Chasse-Marée, 2004.

*Éloge du vin*, La Maurache (Arion).

*Food, wine and song*, The Orlando consort (*Harmonia Mundi*).

*Guinguettes et caboulots*, 1934-1952, sous la direction artistique d'André Bernard (Frémeaux et associés).

*La Musique des siècles*, « Toute la musique ancienne » (Century 1, coffret de 10 CD), « La musique de 1600 à nos jours » (Century 2, coffret de 10 CD), *Harmonia mundi*.

*Le jardin des délices*, chansons de la Renaissance, manuscrit de Bayeux, Dufay-Josquin (Obsidienne).

*Le Petit dictionnaire de la chanson française en 100 titres*, Jean Buzelin (Frémeaux et associés).

*Les Étoiles de la chanson*, « Le Temps des guinguettes », Music Memoria.

*Les Plaisirs du palais, chansons à boire de la Renaissance*, ensemble Clément Janequin, Dominique Vissé (*Harmonia Mundi*).

*Les soirées mondaines de la Belle Époque*, « Carnet de bal », Orchestre symphonique de la RTBF (Radio-télévision belge de la Communauté française).

*Une fête chez Rabelais*, chansons et pièces instrumentales, ensemble Clément Janequin, Dominique Vissé (*Harmonia Mundi*).

## Quelques sites Internet

*Sites généralistes*
www.musicologie.org
www.encyclopedie-universelle.com
www.wikipedia.org
www.musicanet.org

*Sites comportant des informations sur la chanson, la musique et/ou le vin*
www.lehall.com
www.paroles.net/chansons
www.chanson.udenap.org
www.maisons-champagne.com
www.cepdivin.fr
www.ratso.net/cheat13.html
www.franceweb.fr/poesie
www.solesmes.com
www.corbiac.com/poemes/poob1.html
www.solesmes.com
www.vignobleetiquette.com

# Remerciements

Toute ma reconnaissance va à Bruno Boidron et son équipe des éditions Féret, pour la grande confiance et la totale liberté qu'il m'a laissée dans la réalisation de cet ouvrage.
Merci à Marie-Christine Imbert pour sa relecture attentive, Marie-Hélène Verlant pour ses précieuses informations sur la musique, Karen et Éric Paolini pour leur assistance dans les traductions de textes anglais et Gilles Cotin, documentaliste à l'université du vin de Suze-la-Rousse (Drôme) pour son aide dans la recherche d'information.
Merci également à Jean-Christophe Imbert et Isabelle Guien pour leurs conseils avisés sur la musique anglo-saxonne, et à Julia Ripert pour sa contribution amicale et les efforts qu'elle déploie pour enseigner la musique à ses élèves.
Par ailleurs, je voudrais saluer ici ceux qui œuvrent à préserver le patrimoine sonore de l'Humanité : les éditions Harmonia Mundi et leurs musiciens, les éditions Frémeaux et associés, les éditeurs indépendants passionnés et les distributeurs qui les rendent accessibles au grand public.
La Médiathèque Ceccano (Avignon) a joué un grand rôle dans mes recherches grâce à ses nombreux livres sur la musique et sa très large collection de CD, notamment dans le domaine de l'opéra.
Enfin, je voudrais remercier Julie, Mélina et Christophe pour leur patience et leur soutien dans la grande aventure qu'a été l'écriture de ce livre.

# Crédits photographiques

© Albert Harlingue / Roger Viollet : page 92
© Allan Titmuss / TopFoto / Roger Viollet : page 53
© BPK, Berlin, Dist RMN / Elke Walford : page 36
© BPK, Berlin, Dist RMN / Félicien Faillet : page 62
© BPK, Berlin, Dist RMN / Jürgen Liepe : pages 136, 160
© BPK, Berlin, Dist RMN / Photographe inconnu : pages 72, 145, 168
© BPK, Berlin, Dist RMN / Ruth Schacht : page 112
© Colette Masson / Roger Viollet : pages 87, 91
© Debster : pages 4, 126
© Didier Pallagès : page 124
© G. Westermann – ARTOTHEK : page 82
© Gajatz : page 127
© Herb Snitzer / Top Foto / Roger Viollet : page 129 (haut)
© IMAGINE : page 177
© Imagno / Roger-Viollet : page 152
© Jean Régis Roustan / Roger Viollet : page 125
© Kaena : page 130
© Kurt Holter : pages 4-5, 11
© Kwest : page 54
© Mag : page 109
© MBA, Rennes, Dist RMN / Louis Deschamps : pages 24, 138
© MuCEM, Dist RMN / Photographe inconnu : page 100
© Musée Carnavalet / Roger Viollet : pages 41 (bas), 110 (haut)
© ND / Roger Viollet : page 41 (haut)
© Noa / Roger Viollet : page 121
© Paris - Musée de l'Armée, Dist. RMN / Emilie Cambier : page 96
© Patrick Ullman / Roger Viollet : 122, 123, 174, 176
© Photoshot / Roger Viollet : page 131
© Phototom : page 47
© RMN / Agence Bulloz : pages 19 (bas), 30-31, 37, 40, 49, 69, 118, 142-143, 165
© RMN / Béatrice Hatala : page 35
© RMN / Christian Jean : page 107
© RMN / Christian Jean / Jean Schormans : page 148
© RMN / Christian Larrieu : page 5
© RMN / Daniel Arnaudet : pages 27, 32, 56, 73, 137, 180
© RMN / Daniel Arnaudet / Gérard Blot : pages 76-77
© RMN / Droits réservés : pages 6-7, 13, 58-59, 166
© RMN / Franck Raux : pages 42 (bas), 98, 115, 156, 159
© RMN / François Vizzavona : pages 39, 101

© RMN / Frédéric Magnoux : page 61
© RMN / Gérard Blot : pages 12, 17 (droite), 28, 33, 45, 60, 65, 66, 75, 84, 88, 97, 104, 108, 119, 149, 161
© RMN / Hervé Lewandowski : pages 8, 17 (gauche), 18, 19 (haut), 20, 22, 34, 78, 134-135,
© RMN (Musée d'Orsay) / Hervé Lewandowski : pages 43, 86, 94 (droite), 154-155, 163, 169
© RMN / Jean Schormans : pages 81, 102
© RMN / Jean-Gilles Berizzi : pages 21, 25, 26, 93, 139, 144
© RMN / Jean-Yves et Nicolas Dubois : page 57
© RMN / Jérôme Galland : page 14
© RMN / Philipp Bernard : page 178
© RMN / Photographe inconnu : page 94 (gauche)
© RMN / René-Gabriel Ojéda : pages 23, 29, 63, 67, 70, 74, 83, 116, 151
© RMN / René-Gabriel Ojéda / Thierry Le Mage : page 71
© RMN / Thierry Le Mage : pages 105, 141
© RMN / Thierry Ollivier : page 62
© Roger Viollet : pages 42 (haut), 42 (milieu), 89, 90, 99, 110 (bas), 113, 114, 120, 146, 150, 158, 162, 171
© RomainQuéré : page 132
© Stocksnapper : pages 13 (fond), 61 (fond), 137 (fond)
© Studio Lipnitzki / Roger Viollet : pages 44, 46, 128, 170 (gauche), 173
© Sylvie Reboul : page 55
© The British Museum, Londres, Dist. RMN / The Trustees of the British Museum : pages 15, 16
© Top Foto / Roger Viollet : pages 127 (bas), 170 (droite)
© Ullstein Bild / Roger Viollet : page 129 (bas)
© Walid Salem : page 111
Affiche 1905 de la Fête des Vignerons, pages 50-51, avec l'aimable autorisation de la Confrérie des Vignerons de Vevey.
Étiquette Le Guinguet de Joinville-le-Pont, page 48, avec l'aimable autorisation de la Confrérie des Maîtres Goustiers.

# Table des matières

ISBN : 978-2-35156-029-7

Conception graphique : Walid Salem, Perfecto

Fabrication : Perfecto (www.perfecto.fr), Bordeaux

Achevé d'imprimer le 16 septembre 2008

Imprimé en Italie

Dépôt légal septembre 2008